Leonardo Boff

Erzähl mir vom Himmel!

topos premium
Eine Produktion der Verlagsgemeinschaft topos plus

Leonardo Boff

Erzähl mir vom Himmel!

Wo mir Gott begegnet ist

Zusammengestellt von
Bruno Kern

topos premium

Verlagsgemeinschaft topos plus
Butzon & Bercker, Kevelaer
Don Bosco, München
Echter, Würzburg
Matthias Grünewald Verlag, Ostfildern
Paulusverlag, Einsiedeln (Schweiz)
Verlag Friedrich Pustet, Regensburg
Tyrolia, Innsbruck

Eine Initiative der
Verlagsgruppe engagement

www.topos-taschenbuecher.de

Bibliografische Information der Deutschen Nationalbibliothek
Die Deutsche Nationalbibliothek verzeichnet diese Publikation in der Deutschen Nationalbibliografie; detaillierte bibliografische Daten sind im Internet über http://dnb.d-nb.de abrufbar.

ISBN: 978-3-8367-0051-1

2018 Verlagsgemeinschaft topos plus, Kevelaer
Überarbeitete und ergänzte Neuausgabe

Umschlagabbildung: wikipedia common
Einband- und Reihengestaltung: Finken & Bumiller, Stuttgart
Satz: SATZstudio Josef Pieper, Bedburg-Hau
Herstellung: Friedrich Pustet, Regensburg
Printed in Germany

Inhalt

Die Glut unter der Asche

Vorwort

Die folgenden Geschichten und Erzählungen[1] wurzeln in der Wirklichkeit. Ich habe sie im Laufe des Lebens, das mir zu leben gegeben ist, selbst erfahren, beobachtet, der großen Erzähltradition der Menschheit entnommen, gesammelt und aufgeschrieben – gerade wie sie kamen.

Allen Texten liegt die Überzeugung zugrunde, dass in jedem und in jeder von uns noch etwas vom verlorenen Paradies lebt: Noch ist der Windhauch, den die Engel mit dem Schlagen ihrer Flügel erzeugen, nicht verstummt; noch stoßen wir im Leben, mag

1 Leicht abgewandeltes Vorwort Leonardo Boffs zu seiner 1996 unter dem Titel „Am Rand des Himmels" erschienenen Sammlung von Erzählungen. Ein großer Teil der Geschichten stammt auch aus dieser Sammlung. Sie wurden hier ergänzt durch viele Erzählungen, die in anderen Publikationen Boffs verstreut zu finden sind. Selbst Erlebtes und anderweitig Gefundenes, Bekanntes und Unbekanntes stehen hier nebeneinander. Auch vertraut klingende Geschichten stellt Boff manchmal in einen überraschend neuen Zusammenhang. Kurze, kursiv gesetzte Einleitungen zu jedem Kapitel oder unmittelbar vor einer Erzählung geben dazu einige Hinweise (d. Herausgeber).

sich uns das Dia-bolische auch noch so mächtig aufdrängen, immer wieder auf den Sym-bolcharakter der Dinge, und lassen wir uns stets aufs Neue von ihm erfüllen; noch ist die Unschuld, aller zerstörerischen Gewalt zum Trotz, nicht gänzlich dahin.

Deshalb können wir darauf hoffen, dass die Flamme nie erlischt und die Glut unter der Asche nie erkaltet. Und deshalb dürfen wir uns auch getrost freuen.

Unsere Erzählungen und Geschichten beinhalten immer eine Lektion, die es daraus zu ziehen und die es zu lernen gilt. Niemand von uns braucht sich ihrer zu schämen. Ich habe sie erfahren und kann sie nicht verheimlichen. Über Werte kann man nicht reden, Werte lebt man. Werte werden mit beispielhaften Gesten bezeugt, werden erlitten und erfahren. Werte überzeugen und faszinieren.

Mithilfe von Werten lässt sich das Denkvermögen provozieren. Angeregt durch Werte tut es, was es zu tun hat: Es schält verborgene Bedeutungsstrukturen heraus und entdeckt, wie schön die Erzählung doch ist. Und das Herz lässt sich rühren.

Unter der Hand, ja unter der Haut kommt Gott in all diesen Geschichten vor. Gott mischt sich stets unter die Dinge. Seine unaussprechliche, tröstliche Gegenwart ist uns eine große Erleichterung. Denn wir dürfen davon ausgehen, dass Gott keine Mülltonne hat, in die er Dinge, die ihm missraten wären, würfe. Gott ist barmherzig. Immer bringt er es fertig, die Dinge hinzukriegen – so oder so. Bei den einen bald, bei den meisten irgendwann im Laufe der Sache und bei den anderen dann noch, am Ende. Mag der Wind auch direkt von vorn kommen, dank seiner Barmherzigkeit findet das Schiff des Lebens doch noch in den sicheren Hafen.

Deshalb ist Gott Gott. Gott hat magische Kräfte, das heißt: Er hat die Fähigkeit, alle Dinge zu verklären. Es wäre ein Frevel, wollten wir ihm die Magie streitig machen. Ohne Magie hätten Leben und Welt kaum noch Glanz. Dank der Magie ist das Tal der Tränen zu ertragen, und dank der Magie kann der Dornenzweig sogar zur Blume werden.

Fromme Menschen seien darauf hingewiesen, dass der Gott, der aus den folgenden Texten spricht, eher in der Erfahrung der

Mystiker zu finden ist als in den Diskursen der Lehrer aller Religionen. Mystiker beten, Lehrer denken. Mystiker sprechen zu Gott, Lehrer sprechen über Gott. Mystiker erzählen Geschichten, Lehrer formulieren Lehren. Mystiker fahren aufs offene Meer hinaus, Lehrer bleiben im sicheren Hafen. Mystiker lassen sich von gefährlichen Wellen herausfordern, Lehrer wollen davon lieber nichts wissen. Mystiker beten um Mut, um sich den Wogen stellen zu können, Lehrer beten darum, dass die See ruhig bleibt.

Jeder und jede hat etwas vom Mystiker wie auch vom Lehrer. Aus diesem Grund handeln die vorliegenden Texte von Erfahrungen auf hoher See wie von den Lehren des sicheren Hafens. Mehr allerdings von Erfahrungen auf hoher See.

Ich wünschte mir, dass, wer die folgenden Beiträge liest, herausfindet, auf welcher Seite er bzw. sie steht. Vor allem aber wäre ich dankbar, wenn er, wenn sie seine bzw. ihre unschuldige Seite entdeckte. Ich zweifle nicht daran, dass die Entdeckung ihm bzw. ihr dann die Tage unseres gemeinsamen Pilgerweges leichter macht.

Leonardo Boff

Unstillbare Sehnsucht

„Sehnsucht nach dem Unendlichen" hat Leonardo Boff eines seiner schönsten Bücher genannt. Es macht die Grundsituation des Menschen aus, dass er einerseits endlich und sterblich ist, dass sein Dasein nicht notwendig ist, dass er ebenso gut auch nicht sein könnte, und dass er sich aber auf der anderen Seite immer schon über sich hinausstreckt auf einen Horizont unendlicher Freiheit hin. Die Welt ist ihm gerade so gegeben, dass er sie „transzendiert", dass er sich nicht zufrieden gibt mit seinen engen Grenzen. In diesem Spannungsverhältnis vollzieht sich sein Dasein, das macht seine Last aus, aber zugleich seine Würde. Und wir haben gute Gründe, davon auszugehen, dass diese Sehnsucht nicht ins Leere läuft, sondern im Urquell allen Seins ihre Erfüllung findet. Der im Folgenden wiedergegebene indianische Mythos ist zum ersten Mal in der von Leonardo Boff herausgegebenen Sammlung „Haus aus Himmel und Erde" erschienen, der berühmten Parabel vom Adler und vom Huhn hat er ein eigenes Buch gewidmet.

Freiheit und Sterblichkeit

Als Kananciué, das höchste Wesen, am Anfang der Welt die Karajás schuf, waren sie zuerst unsterblich. Unbekümmert wie Aranuã-Fische lebten sie im Wasser und schwammen von Fluss zu Fluss und von See zu See. Sie kümmerten sich weder um Sonne und Mond noch um Pflanzen und Tiere. Angesichts der Unsterblichkeit, die sie genossen, lebten sie in ungetrübtem Glück.

Allerdings reizte sie ständig eine Versuchung: Auf dem Grund des Flusses befand sich eine helle Öffnung. Wie wäre es wohl, da hineinzuschwimmen? Oder sollte man es doch besser lassen? Vom Schöpfer war ihnen das nämlich strikt verboten worden, und als Strafe für den Fall des Zuwiderhandelns hatte er auch gleich den Verlust der Unsterblichkeit angedroht. Also schwammen sie um das Loch herum und bewunderten das Licht, das daraus hervorstrahlte und die Farbe ihrer Schuppen nur noch kräftiger erscheinen ließ. Einige versuchten sogar ab und zu, in die Öffnung hineinzuschauen; doch die Helligkeit des Lichtes blendete sie. Insgesamt jedoch hielten sie sich treu an das Verbot.

Eines Tages jedoch brach ein vorwitziger Karajá das Tabu. Mir nichts, dir nichts, schwamm er in das strahlende Loch hinein und landete am schneeweißen Strand des Araguaia-Stromes. Eine bezaubernde Landschaft bot sich ihm dar. Diese Welt sah völlig anders aus als die, die er bisher gekannt hatte! Der Himmel war tiefblau und die Sonne strahlte, beschien alles ringsum und spendete der Umgebung eine angenehme Wärme. Bunte zwitschernde Vögel erfüllten die Luft wie mit Musik. Verschiedene große Tiere in allen möglichen Farben durchstreiften friedlich eines neben dem anderen die Gefilde. Schmetterlinge flogen bald hierhin, bald dorthin von einer duftenden Blüte zur anderen, und üppige Wälder waren voller früchtebeladener Bäume.

Ganz außer sich bestaunte der Karajá-Indianer das irdische Paradies so lange, bis es Abend wurde. Als er dann endlich zurückkehren wollte, überraschte ihn ein weiteres faszinierendes Schauspiel. Hinter dem grünen Wald ging ein silberner Mond auf und beschien in der Ferne die Umrisse der Berge. Als sich dazu noch Tausende von Sternen am Himmel gesellten, war sein Staunen grenzenlos. Schließlich fragte er sich: „Was mag sich wohl hinter all den leuchtenden Häuschen verbergen? Und wer hat da wohl die vielen Lichter angezündet, dass sie so kräftig strahlen?"

Fasziniert sinnierte er so die ganze Nacht vor sich hin, bis es wieder hell wurde und der Mond verschwand. Die Sonne, die am Abend vorher scheinbar gestorben war, stand am Horizont in der Ferne triumphierend wieder auf.

Da erinnerte er sich seiner Geschwister, der anderen Fische; seine Augen strahlten noch von der Schönheit, die er gesehen hatte. Also tauchte er durch das funkelnde Loch zurück und wandte sich an seine Brüder und Schwestern mit den Worten:

„Hört mir zu, Leute! Ich bin durch das strahlende Loch getaucht. Auf der anderen Seite fand ich mich in einer Welt wieder, wie ihr sie euch überhaupt nicht vorstellen könnt. Mein Herz schlug vor Freude schneller, als ich Sonne, Mond und Sterne erblickte. Meine Augen konnten sich nicht sattsehen, als sich vor mir blühende Felder ausbreiteten und die wunderschönen Schmetterlinge vor mir herflogen. Tiere jeder Größe konnte ich in grünen und blauen Wäldern beobachten. Strände gibt es dort! Schneeweiß und mit feinstem Sand! Wir müssen mit Kananciué, der uns geschaffen hat, sprechen, ob er uns nicht doch gestattet, in die Welt dort überzusiedeln."

Auch ohne etwas von all den Begriffen zu verstehen, wurden die Zuhörer doch immer neugieriger. Auf der Stelle wollten sie es der Kühnheit ihres Karajá-Bruders gleichtun, sich gemeinsam über das Verbot hinwegsetzen und durch die verbotene Öffnung hindurchtauchen. Doch die Ältesten, weise, wie alte Leute nun einmal sind, gaben zu bedenken:

„Brüder und Schwestern, wir kommen nicht umhin, unserem Schöpfer die gebührende Achtung zu erweisen. Er meint es doch gut mit uns, immerhin hat er uns wie sich selbst unsterblich gemacht. Wir sollten mit ihm sprechen und ihn um Erlaubnis bitten." Alle, ohne Ausnahme, waren einverstanden. Also wurden sie bei Kananciué vorstellig und unterbreiteten ihm ihre offensichtlich guten Gründe, die sie für ihre Bitte hatten. Der Schöpfer hörte ihnen zu, konnte aber angesichts des Ungehorsams des draufgängerischen Karajã eine gewisse Traurigkeit in seiner Stimme nicht verbergen und gab zur Antwort:

„Ich verstehe, dass ihr durch das helle Loch hindurch in die wunderschöne Welt auf der anderen Seite wollt, in eine Welt voller Farben und mit den verschiedenen Pflanzen, Blumen, Früchten und Tieren. Dort bekommt ihr die Erhabenheit eines sternenbedeckten Himmels, eine strahlende Sonne und einen milden Mond zu sehen. Dort werdet ihr euch an den klaren Wassern des Araguaia erfreuen und euch vergnügt an seinen strahlenden weißen Stränden aufhalten können. Was ihr aber weder kennt noch seht, ist: Die ganze Schönheit ist kurzlebig und geht rasch zugrunde; wie der Wasserfalter, den ihr kennt: Heute wird er geboren und morgen ist er tot. Nichts von dem, was es dort auf der anderen Seite gibt, ist unsterblich, wie ihr es seid. Alles dort entsteht, wächst, reift heran, altert und stirbt. Nichts, das nicht sterblich wäre ... Alles geht dem Tod entgegen – unaufhaltsam dem Tod entgegen. Und das wollt ihr auch für euch? Überlegt euch die Sache gut, bevor ihr euch entscheidet."

Keiner wagte ein Wort zu sagen. Es herrschte Totenstille. Man blickte sich in der Runde nur schweigend an. Schließlich blieben die Blicke an dem Karajã haften, der jene zauberhafte, wenn auch vergängliche Welt entdeckt hatte. Und wie gebannt von der Schönheit jenes Kosmos, die Kananciué, der Schöpfer, ihnen gerade bestätigt hatte, antworteten sie:

„Ja, Vater, wir wollen lieber sehen, wie es dort ist. Ja, wir wollen doch lieber im Paradies der Sterblichen leben."

Und ein letztes Mal wandte sich der Schöpfer an sie:

„Ich nehme eure Entscheidung an, denn Freiheit achte ich über alles. Ihr wisst, dass ihr von heute an sterblich seid. Aber frei werdet ihr auch weiterhin sein. Nur, lasst euch von niemandem die Freiheit stehlen! Ihr werdet sterben müssen, wie alles in der strahlenden Welt dort. Vergesst nie, dass ihr die höchste Gabe der Unsterblichkeit gegen das wertvolle Geschenk der Freiheit eingetauscht habt. Von nun an gehört die Geschichte euch."

Begeistert schwammen alle Karajãs durch die strahlende Öffnung auf dem Grund des Flusses hindurch. Und so fanden sie sich in der Welt der Sterblichen, der kurzlebigen Schönheit und der begrenzten Freuden wieder.

Und in diesem Paradies leben sie noch heute, am Ufer des Araguaia-Stromes. So hatten alle Karajãs den unglaublichen Mut, sich doch lieber für die Sterblichkeit zu entscheiden, um dadurch als ganz und gar freie Wesen neu geboren zu werden. Und das sind sie bis auf den heutigen Tag.

(Leonardo Boff, Sehnsucht nach dem Unendlichen. Spirituell leben, Kevelaer 2011, 14–17; Übers.: Horst Goldstein)

Der Adler und das Huhn

Es gab einmal einen Politiker, der auch Volkserzieher war. Sein Name lautete James Aggrey. James Aggrey stammte aus dem kleinen westafrikanischen Land Ghana. Mochte er auch noch so erfolgreich sein, kaum jemand kannte ihn. Doch irgendwann einmal erzählte Aggrey eine wunderbare Geschichte, die durch die ganze Welt ging. Sie machte ihren Verfasser zu einem berühmten Mann. Und wer die Erzählung je gehört hat, kann sie nicht mehr vergessen. [...] Mitte 1925 nahm Aggrey an einem Treffen führender Kräfte seines Volkes teil. Man diskutierte über Wege zur Befreiung vom britischen Kolonialjoch. Die Meinungen gingen auseinander.

Einige wollten zu den Waffen greifen. Andere setzten sich dafür ein, das Volk politisch zu organisieren. Auf diesem Weg wurde Kwame Nkruhma später dann ja auch erfolgreich. Eine dritte Gruppe schickte sich in den Status als Kolonie, dem ganz Afrika damals ja unterworfen war. Und schließlich gab es Leute, die sich von der Rhetorik der Engländer verführen ließen. Sie meinten, die Anwesenheit der Briten ermögliche es dem Volk, sich zu modernisieren und den Weg in die vermeintlich zivilisierte, moderne Welt zu finden.

Sensibel wie er war, verfolgte der Pädagoge James Aggrey jeden Beitrag. Doch bei einer bestimmten Wortmeldung wurde ihm klar, dass wichtige Führungskräfte nur die Sache der Briten unterstützten. Kämen sie zum Zuge, würde die ganze Vergangenheit, würde die ganze Geschichte mit einem Mal zum toten Buchstaben, und alle Träume von Befreiung wären dahin. Er hob den Arm und meldete sich seinerseits zu Wort. In aller Ruhe, wie nur Weise sie besitzen, und in feierlichem Ton erzählte er dann folgende Geschichte:

„Es war einmal ein Bauer. Im nahegelegenen Wald wollte er einen Vogel fangen, um ihn zu Hause im Käfig zu halten. Es gelang ihm, das Junge eines Adlers zu fangen. Zu Hause setzte er es in den

Hühnerstall, zusammen mit dem ganzen Federvieh. Der Adlerjunge pickte Mais und fraß auch sonst, was Hühner so fressen – und das, obwohl doch der Adler der König der Vögel ist.

Fünf Jahre waren vergangen, als der Bauer Besuch von einem Naturkundler bekam. Während die beiden im Garten spazieren gingen, fiel dem Besucher auf:

‚Das da, der Vogel da ist doch kein Huhn! Das ist ja ein Adler!'

‚Mag sein', erwiderte der Bauer, ‚in der Tat, der ist ein Adler. Aber ich habe ihn großgezogen, wie wenn er ein Huhn wäre. Nach all den Jahren ist er kein Adler mehr, jetzt ist er ein Huhn geworden, wie jede Henne sonst auch – selbst wenn er Flügel mit einer Spannweite von beinahe drei Metern hat.'

‚Nein', so der Ornithologe. ‚Der Adler ist ein Adler und wird immer ein Adler bleiben. In ihm steckt das Herz eines Adlers, und das wird ihn treiben, hoch in den Himmel zu fliegen.'

Also beschlossen die beiden, es auf einen Versuch ankommen zu lassen. Der Vogelfachmann nahm den Adler, hob ihn hoch und redete herausfordernd auf in ein:

‚Weil du ein Adler bist, weil du dem Himmel gehörst und nicht der Erde, öffne deine Flügel und flieg!'

Doch der Adler blieb auf dem ausgestreckten Arm des Naturkundlers sitzen. Ein wenig verstört schaute er ringsum. Als sein Blick auf die Hühner auf dem Boden fiel und er sah, wie sie nach den Körnern scharrten, sprang er wieder zu ihnen hinab.

‚Hab' ich's dir nicht gesagt', triumphierte der Bauer. ‚Der ist schlicht und einfach ein Huhn geworden!'

‚Kann doch nicht sein!' hielt der Ornithologe dagegen. ‚Dein Huhn ist ein Adler und wird immer ein Adler bleiben. Wollen wir's nochmal versuchen, morgen?'

Am folgenden Tag stieg der Besucher mit dem Adler auf das Dach des Hauses. Flüsternd beschwor er ihn:

‚Adler, wenn du ein Adler bist, öffne deine Flügel und schwing dich in die Höhe!'

Doch sobald der Adler die Hennen unter sich sah, wie sie den weichen Boden scharrten, flog er wieder zu ihnen auf die Erde.

Den Bauern freute das, und erneut fühlte er sich bestätigt:

‚Hab' ich dir's nicht gesagt! Das Vieh ist ein Huhn geworden!'

‚Nein, nie und nimmer!' ließ der Fachmann nicht locker. ‚Der Adler ist ein Adler, und immer wird er das Herz eines Adlers haben. Lass es uns noch ein letztes Mal versuchen! Morgen bringe ich ihn zum Fliegen.'

Tags darauf standen beide, der Naturkundler und der Bauer, in aller Frühe auf. Sie nahmen den Adler und gingen mit ihm aus der Stadt hinaus. Sie gingen, bis kein Haus, in dem Menschen hätten wohnen können, mehr zu sehen war. Sie wandten sich dem Gebirge zu und stiegen auf den höchsten Gipfel. Die Morgensonne lag golden auf den Bergen.

Angekommen, hob der Ornithologe den Adler in die Höhe und befahlt ihm:

‚Wenn du ein Adler bist, wenn du dem Himmel gehörst und nicht der Erde, ... mach deine Flügel auf und flieg davon!'

Der Adler schaute um sich. Er bebte am ganzen Körper, als ob neues Leben in ihn hineinströmte. Aber fliegen? Nein, nichts davon. Darauf fasste ihn der Mann ziemlich kräftig und hielt ihn genau der Sonne entgegen, sodass sich seine Augen füllen konnten mit dem Glanz der Sonne und der Weite des Horizonts.

Und in dem Augenblick öffnete er seine gewaltigen Flügel, krächzte das typische Kauu-Kauu des Adlers, reckte sich herrschaftlich und fing an, mit den Flügeln zu schlagen, Und da, siehe da! Er begann zu fliegen, in die Höhe zu fliegen, immer höher. Und er flog ... und flog ... immer weiter, bis sich seine Umrisse im Blau des Himmels verloren ...."

So weit die Geschichte von James Aggrey. Abschließend rief der Volkspädagoge die Anwesenden auf:

„Brüder und Schwestern, Landsleute! Gott hat uns nach seinem Bild und Gleichnis geschaffen. Aber dann sind Leute gekommen, die uns das Denken von Hühnern eingeimpft haben. Und in der Tat, viele von uns meinen immer noch, wir wären Hühner. Aber was wir sind ... Adler sind wir! Deshalb, Gefährtinnen und Gefährten auf dem Weg, lasst uns die Flügel öffnen und uns in die Lüfte erheben! Lasst uns wie Adler fliegen! Nie mehr wollen wir uns mit den Maiskörnern zufrieden geben, die man uns hinwirft, damit wir danach scharren und sie picken!“

(Leonardo Boff, Der Adler und das Huhn. Wie der Mensch Mensch wird, Düsseldorf 1998, 15. 29–33; Übers.: Horst Goldstein)

Gottes diskrete Gegenwart

Für Leonardo Boff sind die „Sakramente“ nicht einfach liturgische Feiern, die das Leben eines Christen prägen, er versteht vielmehr die ganze Wirklichkeit als Sakrament, als leibhaftige Vermittlung von Gottes Gegenwart. Einer der wichtigsten theologischen Lehrer Boffs war der Jesuit Pierre Teilhard de Chardin, der als Naturwissenschaftler und Theologe zugleich in einer großartigen Synthese das Christentum mit einem evolutiven Weltbild versöhnte. Für ihn war die gesamte Materie „durchscheinend“ für Gottes Gegenwart: nicht Epiphanie, sondern Diaphanie! Das greift Boff auf. Das Spannungsverhältnis von Transzendenz (das, was die Welt überschreitet) und Immanenz (das Sein in der Welt) ergänzt er durch Transparenz, die verborgene und zugleich erfahrbare Wirklichkeit Gottes in den Dingen, im banalen Alltag. Der Befreiungstheologe weiß aber auch, dass es bevorzugte Orte der Gegenwart Gottes gibt, dass gerade die einfachen Leute ein besonderes Sensorium für den Gott haben, der für die Schwachen Partei ergreift. Wenn Boff vom schlichten Glauben seiner eigenen Mutter erzählt, dann fühlt man sich unmittelbar erinnert an Jesu „Jubelruf“: „Ich preise dich, Vater, dass du dies vor den Weisen und Klugen verborgen, den Unmündigen aber offenbart hast ...“ (Matthäus 11,25 ff)

Das Sakrament des Zigarettenstummels

In der Schublade liegt ein kleiner Schatz verborgen: ein Glasschächtelchen mit einem kleinen Zigarettenstummel. Der Tabak ist gelblich und mit Stroh umwickelt, wie man Zigaretten in Südbrasilien zu rauchen pflegt. Bis hierher gibt es nichts Außergewöhnliches zu berichten. Dennoch: Dieser unscheinbare Zigarettenstummel hat eine einzigartige Geschichte. Er wendet sich ans Herz, übersteigt Grenzen und steckt voll von unbegrenzter Erinnerung.

Es war der 11. August 1965. Deutschland, München. Ich entsinne mich genau: Draußen schienen die Häuser der herrlichen Sonne des europäischen Sommers Beifall zu klatschen, in den Parks strahlten die Blumen mit ihren prächtigen Farben, und von den Fenstern winkten sie einem heiter zu. Es ist zwei Uhr nachmittags. Nach der langen Reise bringt mir der Briefträger den ersten Brief aus der Heimat, beladen mit Sehnsucht und Hoffnung. Ungeduldig öffne ich ihn. Alle zu Hause haben geschrieben. Der Brief sieht fast wie eine Zeitung aus: „Wenn du diese Zeilen liest, musst du wohl schon in München sein. Dieses Schreiben ist zugleich wie jeder andere Brief, und dennoch unterscheidet er sich von allen anderen Briefen. Er bringt dir eine gute Botschaft, eine Nachricht, die – wenn wir sie im Licht des Glaubens betrachten – wirklich großartig ist. Gott forderte von uns vor einigen Tagen einen Liebes-, Glaubens- und Dankestribut. Er suchte unsere Familie heim. Dabei schaute er uns alle einen nach dem anderen an. Dann wählte er für sich den Vollkommensten, den Heiligsten, den Reifsten, den Besten von allen, den, der ihm am nächsten war, unseren geliebten Papa. Lieber Leonardo, Gott hat ihn uns nicht genommen, sondern noch mehr unter uns gelassen. Er hat ihn nicht nur den Freuden unserer Ferien entrissen, sondern noch tiefer in unser aller Erinnerung eingepflanzt. Gott hat Papa nicht unserer Gegenwart entwendet, sondern noch gegenwärtiger werden lassen. Er hat ihn nicht genommen, sondern bei uns gelassen. Papa ist nicht weggegangen, sondern angekommen. Papa ist nicht weg, sondern neu da, damit er noch mehr Vater ist, damit er heute und immer bei uns ist, hier in Brasilien bei uns allen, bei dir in Deutschland, bei Ruy und Clodovis in Löwen und bei Waldemar in den Vereinigten Staaten."

Der Brief fuhr fort mit Worten aller Geschwister, in denen der Tod – der mitten im Leben einen Mann von 54 Jahren getroffen hatte – als Bruder gefeiert und als Fest der Einheit begangen wurde. Der Tod vereinte unsere über vier verschiedene Länder zerstreute Familie. Aus den Tränen entstand eine tiefe gelassene Heiterkeit. Der Glaube erleuchtet den Tod und vertreibt das Absurde an ihm. Er ist *vere dies natalis* des Menschen. Deshalb feierte ich in den Katakomben des alten Klosters – in der Gegenwart so vieler Lebender der Vergangenheit, angefangen mit Wilhelm von Ockham bis hin zu dem einfachen Krankenbruder, der vor einigen Tagen für Gott geboren worden war – an den drei folgenden Tagen die Weihnachtsmesse. Sie galt jenem Mann, der weit weg in der Heimat schon sein endgültiges Geburtsfest gefeiert hatte. Die alten Glaubenssätze gewannen eine fremdartige Tiefe: „Puer natus est nobis ..."

Am folgenden Tag entdeckte ich in dem Briefumschlag, in dem ich tags zuvor die Nachricht vom Tod des Vaters erhalten hatte, ein mir vorher entgangenes Lebenszeichen des Mannes, der uns in jeder Hinsicht das Leben geschenkt hatte: den vergilbten Stummel einer Strohzigarette. Es war dies die letzte Zigarette, die Vater nur wenige Augenblicke zuvor geraucht hatte, als ihn ein Herzinfarkt aus diesem ermüdenden Dasein befreite. Die zutiefst weibliche und sakramentale Intuition einer meiner Schwestern hatte sie veranlasst, den Zigarettenstummel in den Umschlag zu stecken.

Von diesem Augenblick an ist der Zigarettenstummel kein einfacher Zigarettenstummel mehr. Denn er wurde zu einem Sakrament, lebt, spricht vom Leben und begleitet mein Leben. Seine charakteristische Farbe, sein starker Duft und das Verbrannte an der Spitze lassen ihn unserem Leben noch angezündet sein. Deshalb ist er von unschätzbarem Wert, gehört zur Mitte des Lebens und trifft unser Innerstes. In unserer Erinnerung lässt er die Gestalt des Vaters gegenwärtig werden, der jetzt – nachdem schon einige Jahre vergangen sind – der Archetyp unserer Familie und Beziehungspunkt für die Grundwerte all unserer Geschwister geworden ist. „Aus seinem Mund haben wir gehört und von seinem Leben haben wir gelernt: Wer nicht lebt, um zu dienen, ver-dient nicht zu leben.“ Das ist die Mahnung, die wir für uns alle auf den Grabstein unseres Vaters meißeln ließen.

(Leonardo Boff, Kleine Sakramentenlehre, Ostfildern 2010, 27–33; Übers.: Horst Goldstein)

Die Weisheit der einfachen Leute

Meine Mutter war mit Haut und Haaren Siedlerstochter. Sie konnte weder lesen noch schreiben und wollte dies auch nicht lernen. Mindestens fünfmal versuchte mein Vater, ihr das Lesen und Schreiben beizubringen, doch mindestens ebenso oft hat sie es wieder verlernt. Ich selbst habe einen letzten Versuch gemacht, als ich 1970 aus Europa nach Brasilien zurückkam. In Rom hatte ich Hefte und Stifte gekauft und sagte ihr, als wir uns begegneten, das alles habe der Heilige Vater gesegnet. Drei Tage haben wir es zusammen versucht, Mutter und Sohn. Doch dann verließ sie die Lust: „Elf Kinder habe ich zur Welt gebracht. Alle elf Kinder können lesen und schreiben und haben an der Universität studiert. Ein paar haben sogar einen Doktor gemacht. Wozu soll ich da noch lesen und schreiben können? Und damit basta!“ Meine Mutter konnte ihren Namen gerade mehr malen als schreiben und ist eigentlich ihr ganzes Leben lang Analphabetin geblieben. In der Stadt scherzten wir manchmal mit ihr und forderten sie auf, auf irgendwelchen Plakatwänden den Namen des dort gezeigten Produkts zu entziffern. Dann rätselte und fluchte sie mehr, als sie las, bis schließlich das Wort mehr oder weniger richtig herauskam. Aber lesen und schreiben konnte sie nicht. [...] Ja, meine Mutter. Meine Mutter arbeitete auf dem Feld. Wir Kinder gingen morgens zur Schule, und nachmittags nahm sie uns mit aufs Feld. Unsere Familie hatte ein paar Stückchen Land, auf denen wir Mais, Bohnen und Reis anbauten, Wassermelonen und etliche Obstsorten. Meine Mutter war eine starke Frau, voller Power, wie man heute sagen würde. Elf Kinder hat sie zur Welt gebracht. [...] Unsere Mutter war eine ausgesprochen heitere Person, lustig und humorvoll. Nichts machte ihr mehr Spaß als singen, tanzen und Mundharmonika spielen. [...] Oft genug haben wir mit der ganzen Familie – besonders im Sommer, wenn der Mond am sternenbedeckten Himmel stand – stundenlang mit unserer Mutter gesungen, auch italienische Lieder, die wir bis heute nicht verlernt haben. [...] Das Singen ist also eines der Erbstücke, die unsere Mutter der Familie hinterlassen hat. [...] Was uns unsere Mutter vererbt hat, ist eine große Freude am Leben, eine mitreißende Lust zur Arbeit, einen sinnenfreudigen Humor und vor allem eine ganz tiefe Religiosität. [...] Wir säkularisierten Menschen müssen nachdenken, Theologie studieren und überlegen, wie man Gott erfahren könne. Einfache Leute brauchen über Gott keine Reflexion anzustellen, einfache Leute erleben Gott. Meine Mutter, die weder lesen noch schreiben konnte, war auch so eine Frau. Immer sagte sie, sie erlebe Gott. Sie blickte mich intensiv an und fragte: „Hast du Gott schon gesehen?" Ich antwortete prompt: „Aber Mutter, die Menschen sehen Gott nicht. Gott ist Geist und unsichtbar." Sie seufzte tief, schlug sich mit der Hand auf die Brust, schaute mich unendlich traurig an und sagte: „Du bist schon so lange Priester und hast niemals Gott gesehen?" Ich sagte noch einmal: „Mutter, die Menschen sehen Gott nicht." Sie erwiderte: „Du siehst Gott nicht, aber ich sehe ihn jeden Tag. Wenn die Sonne am Horizont untergeht, dann geht Gott vorbei, mit einem wunderschönen Umhang. Er kommt immer sehr ernsthaft daher, und dein Vater, der schon gestorben ist, geht ihm hinterher, schaut mich an, lächelt mir zu und geht mit Gott weiter. Ich sehe ihn jeden Tag." Ich war starr vor Staunen und fragte mich: „Wer ist hier der Theologe, ich oder sie? Die Analphabetin oder der Doktor der Theologie?" Wir müssen von den Menschen, die solche Erfahrungen haben, lernen. Denn der Glaube ist eine so umfassende Erfahrung, dass er unsere Augen, das Herz, die Fantasie und unsere Vorstellungen mit einschließt. Gott ist Substanz seiner eigenen Substanz. Diese Leute glauben nicht an Gott. Sie wissen um Gott, weil sie ihn gesehen und erfahren haben.

(Horst Goldstein, Leonardo Boff. Zwischen Poesie und Politik, Mainz 1994, 12–17; Leonardo Boff, Sehnsucht nach dem Unendlichen. Spirituell leben, Kevelaer 2011, 93; Übers.: Horst Goldstein)

Der Alleskönner

Es war einmal ein Mann, der alles konnte. Allerdings weiß ich nicht, ob er ein Mensch der Zeit war, in der es Zauberei noch wirklich gab, oder ob er schon in die Zeit der Technologie gehörte, die ja alle Träume von Wissenschaft und Technik zu verwirklichen vermag. Auf jeden Fall lautete sein Name einfach Alleskönner.

Eines Tages hatte Alleskönner das Leben, das er führte, satt. Überfällt einen der Überdruss, der sterblichem Leben nun mal anhaftet, dann kann keine Macht, und sei sie auch nachgerade absolut, einen davon heilen. Das Chaos in seiner Stadt, immerhin einer Metropole von fünfzehn Millionen Einwohnern, war nicht mehr zu ertragen. Also hielt er Ausschau nach abgelegeneren Orten. Richtige ökologische Nischen sollten sie sein, voll Grün und Wasser, mit Bergen und Tälern, malerischen kleinen Häusern und rustikalen Quartieren. Wo sonst hätte er die Stille hören und die Gelassenheit, endlich sich auszuruhen und nichts mehr zu tun, genießen können?

Nach einigen Tagen begann er nachzudenken. Doch in dem Maße, in dem er nachdachte, kam er ganz durcheinander. Denn ihm wurde klar, dass er alles andere als still stand. Da er aus der Welt der Wissenschaft kam, fiel ihm eine Tatsache aus der Astronomie ein: dass er sich mit einer Geschwindigkeit von 1700 Kilometern in der Stunde drehte. Das ist nämlich die Geschwindigkeit, mit der sich die Erde um ihre eigene Achse dreht.

Da geriet er in Zorn über die Erde, die ihn unwiderstehlich mit sich riss, unabhängig davon, ob ihm das klar war oder nicht, ob ihn das Gewirbel der Dinge durcheinanderbrachte oder ob er ruhig in seiner rustikalen Behausung zuschaute.

Da er Alleskönner war, fasste er den Entschluss, sich von dieser Erde zurückzuziehen. Er richtete sich ganz, ganz oben ein, deutlich jenseits der Atmosphäre, in der heiteren Ruhe und ruhigen Heiterkeit seines Satelliten. Zwar sauste dieser enorm durch den Weltraum, aber wenigstens drehte er sich nicht so schnell um seine eigene Achse wie die Erde um die ihre.

Eines Tages indes blieb ihm beinahe das Herz stehen. Mit einem Mal schoss es ihm durch den Kopf, dass ihm die Flucht nichts gebracht hatte und sein neuer Standort in der Atmosphäre unnütz war. Denn in Wirklichkeit drehte er sich ja zusammen mit der Erde, einschließlich aller Dinge darauf, weil sie – wie der Mond – im Anziehungsfeld der Sonne liegt und mit 107.000 Stundenkilometern um die Sonne kreist. Also sann er auf eine Lösung, die ihm endlich die ersehnte Ruhe bringen sollte. Diese fand er schließlich darin, sich ganz aus dem Kreislauf der Erde abzusetzen. Mithin ließ er sich noch jenseits der Planetenbahn des Pluto nieder, hart an der Grenze des Sonnensystems. Hier würde er mit Sicherheit seine Ruhe haben, fern von der betörenden Geschwindigkeit der Erde.

Doch es dauerte nicht lange, und der Kopf stand ihm wieder schief. So sehr er auch von der Erde floh, von der Sonne kam er nicht weg. Gemeinsam mit der Sonne und allen Planeten des Sonnensystems drehte er sich mit einer Geschwindigkeit von 774.000 Stundenkilometern um den Mittelpunkt unserer Galaxie, der Milchstraße.

Doch da er Alleskönner war, fasste er den Entschluss, nach außerhalb unseres Sonnensystems auszuwandern. Er richtete seinen Sinn auf andere kosmische Weiden. Fernab von den früheren Unruheherden etablierte er sich in völliger Gelassenheit; und es kümmerte ihn wenig die Frage, in welchem Himmelssystem er denn nunmehr gelandet sei. Wenigstens befand er sich jetzt außerhalb der Reichweite der rasenden Geschwindigkeiten des Sonnensystems.

Eines Tages allerdings schoss ihm eine Tatsache durch den Kopf, die ihm die Ruhe, die er vermeintlich gefunden hatte, total raubte. Denn er kreiste mit einer Wahnsinnsgeschwindigkeit von 2.172.000 Kilometern in der Stunde und begleitete unsere Milchstraße, in einer Reise um das Zentrum eines Konglomerats von 2500 anderen Nachbargalaxien in Richtung auf ein schwarzes Loch, das uns entweder verschlingen oder verklären würde. Wer soll das schon wissen?

Er schäumte vor Wut. Alle Hebel setzte er in Bewegung, so viel er nur konnte. Immerhin möge man nicht vergessen, dass er Alleskönner war. Folglich fing er an, sich in die der Bewegung der Milchstraßen entgegengesetzte Richtung zu bewegen, so schnell er nur konnte. Und siehe da! Aufgrund seiner gegenläufigen Bewegung glich er die Geschwindigkeit der Galaxien nahezu aus und blieb praktisch stehen. So fand er seine Ruhe wieder.

Doch eines Tages erstarrte er beinahe vor Ohnmacht. Er bekam kein Wort mehr heraus. Etwas Schreckliches wurde ihm klar. Im Gesamt aller Himmelskörper – Erde, Sonne, Sterne, Milchstraßen und Konglomerate von Milchstraßen – rannte er, nein floh er mit einer Geschwindigkeit von 579.000 Stundenkilometern von einem Punkt weg, von dem aus alles, was existiert, wahrscheinlich vor etwas mehr als dreizehn Milliarden Jahren herrührt, als die Anfangs-Singularität, das heißt der Urknall, ausbrach und den ganzen Werdeprozess des Universums in Gang setzte. Seither geht die Reise – niemand weiß, wohin, und niemand vermag es zu bestimmen. In ein schwarzes Loch? In Gottes Herz?

Mit einem Mal wurde sich Alleskönner dessen bewusst, dass er nichts konnte. So weit er auch floh, nie floh er weit genug. Immer stand er auf etwas noch Größerem und noch Gewaltigerem, das ihn von allen Seiten umgab und trug. Wollte er seine Ruhe weiterhin auf diese Weise suchen, würde er sie verspielen oder nie finden. Also verzichtete Alleskönner auf seinen Namen und auf sein Ansinnen. Bescheiden kehrte er auf seinen Planeten zurück und, auf der Erde angelangt, in seine Stadt und in sein Haus. Gelassen setzte er sich auf seine Veranda und schickte sich an, in aller Ruhe die Dinge rings um ihn herum zu betrachten. Mochten sie auch noch so schnell durch den Weltraum schießen, weder überstürzten sie sich, noch gerieten sie in Panik. Sie machten den Eindruck, als stünden sie still, in der heiteren Ruhe und in der ruhigen Heiterkeit eines Stilllebens. Nur wenn er es akzeptierte, dass er und die Dinge ständig auf der Flucht waren, würde er sich zufrieden und zu Hause fühlen. Nur so würde er die Gnade und die Verdanktheit aller Dinge erfahren.

Und weil er weder Alleskönner mehr war noch sich dafür weiter hielt, sondern sich fortan zu seiner Endlichkeit und Machtlosigkeit bekannte, ließ er ohne Bedenken die kontemplative Dimension in sich wach werden, den *Esprit de finesse*, welchen der *Esprit de géometrie*,[2] das heißt der Geist der Wissenschaft und der Berechnung, in ihm bis dahin betäubt gehalten hatte. Was ihm früher als Unsinn vorgekommen war, bekam langsam Sinn: das, was ein alter religiöser Text aus der jüdisch-christlichen Überlieferung, Psalm 139 nämlich, von Gott und seiner Gnade besingt:

Du umschließt mich von allen Seiten
und legst deine Hand auf mich.
Wohin könnte ich fliehen
vor deinem Geist,
wohin mich vor deinem Angesicht
flüchten?
Steige ich hinauf in den Himmel,
so bist du dort;
bette ich mich in der Unterwelt,
bist du zugegen.
Nehme ich die Flügel des Morgenrots
und lasse mich nieder am äußersten Meer,
auch dort wird deine Hand mich ergreifen
und deine Rechte mich fassen.
Und würde ich sagen:
„Finsternis soll mich bedecken,
statt Licht soll Nacht mich umgeben!“,
auch die Finsternis wäre für dich
nicht finster,
die Nacht würde leuchten wie der Tag.
Denn du hast mein Inneres geschaffen,
mich gewoben im Schoß meiner Mutter.

2 Diese Unterscheidung zwischen dem Geist des Feinsinns und dem Geist der Geometrie stammt von Blaise Pascal.

Ich danke dir, dass du mich so wunderbar
gestaltet hast.
Ich weiß: Staunenswert sind deine Werke.
Als ich geformt wurde im Dunkeln,
kunstvoll gewirkt in den Tiefen der Erde,
waren meine Glieder dir nicht verborgen.
Deine Augen sahen mich, wie ich entstand,
in deinem Buch war alles verzeichnet.

Ist Alleskönner bei allem, was ihm an Glück und Unglück widerfuhr, nicht ein Zeuge dafür, dass die Gegenwart Gottes unverdientes Geschenk ist – die Gegenwart Gottes, die uns von allen Seiten umgibt, alle Fasern unseres Seins durchdringt und allerorten erreicht, ob im höchsten Himmel, ob in der tiefsten Hölle der persönlichen Existenz? Mit Sicherheit. Auf sie bewegen wir uns hin, und von ihr kommen wir her, weil wir immer in ihr sind.

(Leonardo Boff, Am Rand des Himmels. Geschichten von Gott und Welt, Düsseldorf 1997, 85–90; Übers.: Horst Goldstein)

Seht den Menschen!

„Ich möchte doch allzu gern wissen, was Gott mit diesem sonderbaren Wesen, das der Mensch ist, vorhat!" Gut habe ich diesen Satz noch im Ohr, den mir Leonardo Boff bei unserer letzten persönlichen Begegnung, halb erstaunt, halb amüsiert, zu bedenken gab. Und er hat recht: Bei allen Abgründen des Bösen, bei aller Gemeinheit und Niedrigkeit, deren der Mensch fähig ist, ist er doch auch der Widerschein der großherzigen Liebe Gottes. Boff erzählt hier vom Zauber der Erotik, von Tod, Trauer und Leid, von den Müttern, die wie Jesu Mutter am Kreuz standhalten, von der erstaunlichen Fähigkeit zur Vergebung, vom Wunder der Menschwerdung, das sich in der Gastfreundschaft, in der Tischgemeinschaft, in allem, was das Leben fördert, ereignet ... Ecce homo!

„Schwarz bin ich und schön …“[3]

Ich sah sie zum ersten Mal, die schwarzhäutige Frau. In der Tracht einer Bahianerin[4] – weiter, knöchellanger weißer Rock, üppige weiße Bluse und weißes Kopftuch in den Haaren – verkaufte sie an ihrem Garküchenstand afrobrasilianische Leckereien. Es war am Platz der Kähne. Im Öl in der Pfanne brutzelten die Acarajé-Küchlein.[5] Unsere Blicke berührten sich und blieben einen Moment aneinander haften. Mir schoss der Gedanke an Schlangen durch den Kopf: Schlangen, die Vögel hypnotisieren. Der Zauber hatte uns angerührt, beide, mit einem Mal. Ohne irgendein Vorzeichen. Wie vom Blitz getroffen, spürten wir, dass wir verliebt waren. Und das binnen zehn, höchstens fünfzehn Sekunden, ich weiß nicht. Was ich weiß, ist, dass es eine Ewigkeit war.

Ich erbat ein Acarajé-Küchlein. Aber weniger, um es zu essen, als vielmehr ihre Hand zu sehen – und berühren zu können. Als sie mir den Acarajé reichte, hielt ich ihr leicht die Finger fest. Kein Widerstand. Ein elektrischer Strom fuhr mir durch den Körper. Er hätte mich am Boden niederstrecken können. Und wieder eine Ewigkeit. Mit der Kraft eines vulkanischen Feuers.

Von Zeit zu Zeit kam ich am Platz der Kähne vorbei. War sie nicht da, ging ich meines Weges. War sie da, suchte ich nach ihren Augen. Ich wollte die Ewigkeit. Doch nie mehr war mir die Ewigkeit vergönnt. Gleichwohl ging ich immer wieder am Platz der Kähne vorbei.

---

3 Diesen Satz aus dem Hohenlied (1,5) wählten die brasilianischen Bischöfe vor etlichen Jahren als Motto für ihre Fastenaktion („Kampagne der Brüderlichkeit“), um auf die Diskriminierung der Schwarzen in ihrem Land aufmerksam zu machen und ihr vor allem das stolze Selbstbewusstsein der Schwarzen entgegenzusetzen.

4 Bahia ist ein Bundesstaat im Nordosten Brasiliens.

5 *Acarajé:* Küchlein aus Bohnenmehl, in Palmenöl gebacken, mit Zwiebeln und Krabben garniert und mit Pfeffersoße besprengt.

Manchmal kreuzten unsere Blicke einander. Doch die versteinernde Bannung blieb aus. Vielleicht weil sich solche Blicke böse auswirken können. Man kommt nie mehr davon los. Es dürstet einen, doch nirgendwo etwas zum Trinken. Aber warum dann der Durst, wenn keine Quelle da ist? Eines Tages überraschte ich sie, als sie auf einer der Bänke auf dem Platz saß. Die Kahnfahrer waren im Streik. Ein wenig beklommen, sie wie ich, unterhielten wir uns; jeder wusste ja vom anderen, natürlich ohne seinen Namen oder seine Lebensverhältnisse zu kennen. Doch in jedem wohnte ein Gefühl, das weder sie noch ich je ausgesprochen hatte. Wir machten uns bekannt. Um Schweigen und Beklommenheit zu brechen, sagte ich, ich könne das Schicksal eines Menschen in seiner Hand lesen. Das gab mir Gelegenheit, ihre Hand zu fassen; zuerst die linke, in der die angeborenen Veranlagungen eingeschrieben sind; und dann die rechte, in der die Geschichte des bisherigen Lebens steht. Also bot ich ihr meine Wahrsagekunst an. Neugierig willigte sie ein. Wer möchte nicht schon seine Zukunft wissen? Zukunft: eine Welt voller Geheimnisse.

In meiner Hand ... Hände einer afrikanischen Prinzessin. Sie bestätigte mir, von einer schwarzen Familie aus Bahia zu stammen. Salvador da Bahia war ja bis ins 18. Jahrhundert Brasiliens erste Hauptstadt und mithin Zentrum des Sklavenhandels gewesen. In ihrer Familie sei die Erinnerung an den alten Adel in Afrika noch nicht ganz erloschen; aber für sie sei das völlig egal; für das konkrete Leben brächte das sowieso nichts, ließ sie mich wissen.

Trotzdem, die Hände sagen's. Ich las die Linien: des Lebens, des Kopfes, des Herzens, der Liebe, der Sehnsucht, der Familie (richtig: Sie hatte ein Kind gehabt, da stand's doch) ... Stimmte alles. Eindeutig. Nur die Linie des Schicksals, der Zukunft: total durcheinander.

Das Stigma der Sklaverei prägt Leben und Seele, Bewusstsein und Unbewusstes, persönliche Befindlichkeit und kollektive Subjektivität der afroamerikanischen Schwarzen, Männer wie Frauen, bis auf den heutigen Tag. Deshalb ist ihnen auch jedes erkennbare Schicksal versagt. Normalerweise hängt die Linie des Schicksals vom Einfluss der Familie und vom Verhältnis zu den Eltern ab. Doch hier war nichts zu sehen. Klar, Schwarzen war früher – und heute ist es kein Deut besser – ihr größter Traum versagt: eine normale Familie zu haben. Die meisten sind dazu verdammt, irgendwie aufzuwachsen. Hauen ab. Tun sich zusammen. Haben Kinder. Der Mann sucht das Weite. Zurück bleibt die Frau, allein. Das Kind kommt zur Oma.

Die Zukunftslinie war völlig zerstört. Mal wies sie hierhin, mal dorthin. Was für ein Schicksal sollte eine schwarze Frau auch schon unter den gegenwärtigen Bedingungen haben? Diese schwarze Schönheit. Mit ihren fast zwei Metern Größe, mit großen Augen und sinnlichen Lippen, mit einem halb männlichen, halb weiblichen Körper, mit vollen, wohlgeformten Beinen, als wäre sie eine Gazelle, die es gewöhnt ist, über die Felder zu laufen, mit ihren kleinen Brüsten, aber mit einem Körper, der von oben bis unten eine Skulptur zu sein schien, so viel Aura und Ausstrahlung hatte sie. Vielleicht bestand das Faszinierende an der Frau darin. Beim Abschied versprach ich ihr, sie an ihrem Garküchenstand mit bahianischen Leckereien gelegentlich wieder zu besuchen.

Doch eines Tages war sie verschwunden. Nirgendwo war sie zu sehen. Also erkundigte ich mich bei ihren früheren Kolleginnen, wo sie geblieben sein könnte. Niemand wusste etwas. Ich hinterließ eine Nachricht: „Der, der ihr damals auf der Bank die Hand gelesen hat, lässt grüßen und möchte ihren Verbleib wissen."

Ich ging. Immer wieder schaute ich vorbei. Der Platz der Kähne war für mich der heilige Ort, an dem ich die Ewigkeit erfahren hatte. Wie Mamre, wo sich Abraham eines Nachts in Gott „verliebt" hatte und wo er deshalb einen steinernen Altar baute, um die Ewigkeit der Leidenschaft festzuhalten. Mehrere Male fragte ich nach der Bahianerin. Von einer Frau, ebenfalls Schwarze wie sie, zuerst mit einem ausgesprochen breiten Lachen, dann aber plötzlich von Traurigkeit gezeichnet, erfuhr ich: „Ja, die steckt in einer miesen Lage." „Wieso?" meine erschrockene Frage. „'n Augenblick, ich werd's Ihnen erklären", antwortete sie. Ich kaufte ihr einen Acarajé ab. Noch eingehüllt in die Sakramentalität und in die Ausstrahlung der anderen. Vorsichtig hob ich die Zeltwand des Standes etwas an und fragte erneut: „Und was ist mit ihr passiert?" Flüsternd, als gelte es, ein Geheimnis preiszugeben, sagte die Frau mit dem breiten Lachen nur: „Die ist jetzt in einem Massagesalon im Zentrum."

Unmöglich! Unruhe und Betroffenheit packten mich. Verzweifelt machte ich mich in Richtung Stadtmitte auf. In einem Gemisch aus Scham und Angst erkundigte ich mich, wo es hier denn Massagesalons gäbe. Ich fragte Straßenfeger und Laufburschen ebenso wie Männer, die auf der Straße und von der Straße leben. Keiner wusste recht Bescheid. Schließlich zwinkerte mir jemand zu. „Der da, der Taxifahrer, der ist hinter Frauen her, der ist ein Hurenbock. Der kennt sich aus." Und tatsächlich. Wie auf Anhieb erklärte er mir: „Sie gehen bis ans Ende dieser Straße, dann rechts, und gleich hinter der Bank links, da gibt's 'n bekannten Massagesalon."

Wie der Blitz rannte ich los. Voller Sorge kam ich an. „Gibt es hier eine Frau mit Namen Luzia do Mar?"[6] fragte ich. „Wie soll die denn aussehen?" lautete die Gegenfrage des Pförtners. „Groß. Schwarz. Hübsch, sehr hübsch", antwortete ich. Der Pförtner lächelte verschmitzt. Offenbar wusste er sofort, wer gemeint war. Er rief sie.

Und da, zwischen zwei Vorhanghälften aus abgewetztem Leder, tauchte plötzlich eine schwarze Sonne auf. Ja, sie war's! Die Haare in Afrolook. Rote Lippen. Der Körper wie vom Bildhauer gemeißelt. Eine Wahnsinnsausstrahlung. Ich zahlte und ging hinein.

Ich war total aufgeregt. Meine Nervosität konnte ich kaum verbergen. Immerhin war ich noch nie in solch einem Etablissement gewesen. Aber um mit Luzia do Mar sprechen zu können, wagte ich mich auch in solch ein Lokal.

---

6 *Luzia do Mar* = Luzia vom Meer = Leuchte des Meeres.

Wir setzten uns in eine Ecke. Halbdunkel. Aber hieß sie denn nicht „Leuchte des Meeres"? Ja, ich hätte es gern gehabt, wenn sie „Sonne des Meeres" geheißen hätte. Ich wünschte, ihre Augen könnten wie Flammenwerfer sein. War die abgründige Tiefe verschwunden? Hatte die Schlange ihr Gift verloren?

In der Tat. Wenn wir uns verlieben, ist unser Sinnen nur noch die erträumte Frau. Diese vermittelt uns den Eindruck von Ewigkeit. Wir sind hingerissen. Und diese Ewigkeit wollte ich erneut erfahren.

Ich nahm sie in den Arm und drückte sie heftig. Herz an Herz. Für den Bruchteil einer Sekunde waren wir eins. Schweigen. Hätten wir gesprochen, wäre die Ewigkeit dahin gewesen. Völlig überraschend für mich verhielt sie sich aber absolut kühl.

Wir begannen zu reden. Warum sie den Garküchenstand drangegeben habe. Warum sie hierher gekommen sei. Wie um Entschuldigung bittend, murmelte sie: „Ich bin hierher gekommen, weil es sein muss. Ich habe ein vier Jahre altes Kind. Ich will leben können. Das Haus bezahlen. Meinen Sohn was werden lassen. Endlich aus diesem Mist herauskommen. Und ein freies Leben führen, ohne im Elend vegetieren zu müssen. Mit dem Stand rackerst du dich den ganzen Tag ab, bist abends todkaputt und hast doch nichts verdient."

Mit einem Mal fühlte ich ein großes Mitleid. Weil sie das Leben liebte, musste sie das Leben opfern. Als Acarajé-Köchin hatte sie zum Leben zu wenig und zum Sterben zu viel. Tagein, tagaus, ohne einen freien Tag. „Hier verdiene ich in einer Woche das Vielfache von dem, was ich früher in einem Monat hatte. Ein gutes Geld", unterstrich sie noch einmal.

„Mein ganzes Leben habe ich im Elend gelebt. Immer bin ich nur im Dreck herumgekrochen. In einer Favela am Rande der Stadt. Jetzt wohne ich in einem vernünftigen Viertel. Die Wohnung teile ich mir mit einer Tänzerin. Unsere Straße hat Bäume, herrlich! Wir gehen an den Strand zum Baden. Die Schönheit der Natur verbindet sich mit der Glätte meiner Haut. Mein Wunsch nach Leben trifft sich mit dem Leben, das sich hier überall zeigt."

„Ich brauche das Geld. Dringend. Ich bin hierher gekommen wegen Rosimar, meines Jungen wegen."

Was soll man dazu sagen? Nur Heldinnen leben aus purer Würde, jenseits jeden Bedürfnisses. Und es gibt sie. Ihr Ruhm ist unbestritten. Und wegen Menschen wie dieser Heldinnen geht die Welt weiter ihren Lauf und verschont Gott die Menschheit. Nur, mit Luzia do Mar hatte das alles nichts zu tun. Trotzdem hatte ihr Verhalten nichts an Würde verloren. Opferte sie sich denn nicht auf für ihren Sohn?

Eine Wolke senkte sich mir auf die Augen. Es erstickte mir die Stimme. Mir wurde klar, dass Ausbeutung menschlicher Arbeit das Leben unwürdig macht, dass sie aber auch individuelle Lösungen zulässt, wie Luzia do Mar sie für sich gefunden hatte. Was mich angeht, durfte ich sie, weil ich mich ihr genähert hatte, auf keinen Fall noch weiter ausbeuten. Derlei Gedanken gingen mir durch den Kopf, als sich unsere Blicke am Ende doch noch trafen. Für einen Augenblick war sie wieder da, die unsägliche Zärtlichkeit unserer ersten Begegnung.

Das schwache Licht ließ ihre feinen, fürstinnengleichen Züge nur noch deutlicher hervortreten. Ein leichter Schweiß tauchte ihren ganzen Körper in Glanz und vermittelte ihr die Ausstrahlung einer Königin im Karnevalszug. Als sich unsere Blicke streiften, fand ich die Ewigkeit wieder. Ich ging. Die nachmittägliche Sonne strahlte wie nie zuvor. Seither sind Jahre vergangen. Doch die Male, die das Feuer der Erfahrung hinterlassen hat, brennen noch immer.

Sie sei weggezogen, hörte ich. Nach Europa sei sie gegangen, als Tänzerin. Ich weiß nicht. Was ich weiß, ist, dass ich in Luzia do Mar und durch Luzia do Mar den Advent der Ewigkeit erleben durfte, für einen winzigen Moment in ihrem schwarzen strahlenden Glanz. In der unbeschreiblichen Transparenz einer schönen schwarzen Frau.

(Leonardo Boff, Am Rand des Himmels. Geschichten von Gott und Welt, Düsseldorf 1997, 17–24; Übers.: Horst Goldstein)

Wäre ich ein Heiliger, dann hätte ich gesündigt

Nach der Taufe nahm mich eine Frau beiseite und führte mich in eine Hütte der Favela. Der Boden: gestampfte Erde. Nichts an Möbeln. Absolute Armut. Einem Hund wäre der Verschlag kaum zuzumuten gewesen. Schreiende Not, zum Heulen.

Wir waren allein. Flüsternd begegnete mir die Frau: „Ich hab' immer nur hässliche, kranke, ausgemergelte Männer gehabt." Sie hob das Kleid hoch und zeigte mir ihre Scham. Beinahe vertraulich und mit glänzenden Augen sagte sie: „Ich bin noch jung. Gerade fünfunddreißig"; ich hätte sie eher für sechzig gehalten. „Ich kann Sie glücklich machen, einen Moment lang. Sie sind ein wohlgenährter, hübscher, starker, attraktiver Mann. Ich hab's immer nur mit schäbigen, kranken, halb verhungerten Männern zu tun. Machen Sie mich glücklich! Wollen wir Liebe machen? Nur ein einziges Mal!"

Ich schwieg. Eine ganze Weile. Ratlos. Was sollte ich sagen? Dann fing ich an zu buchstabieren. „Ich bin doch Ordensmann. Ich hab' schon eine Verpflichtung. Es geht nicht. Deshalb darf ich auch nicht. Und deshalb will ich auch nicht."

Von ihren Augen war der Glanz verschwunden. Ihr Blick wurde trübe. Was für eine Enttäuschung!

Zu Hause angekommen, ließ ich mir die Sache noch einmal durch den Kopf gehen. Scham kam in mir hoch, Scham um mich selbst. Bittere Scham. Was war ich doch für ein Egoist. Ich war zur Keuschheit erzogen worden, Keuschheit im Sinn von Enthaltung. Aber nicht im Sinn einer größeren Liebe. Solch eine Liebe kennt keine Grenzen, hat ihren Ort jenseits von Gut und Böse. Die Frau, die sich mir angeboten hatte, war reiner als ich. Sie war imstande, sich hinzugeben und zu lieben.

Keuschheit kann nicht das Ziel sein, sondern nur der Weg. Nicht der Zweck, sondern nur das Mittel. Keuschheit bedeutet mehr als nur auf die Frau bzw. auf den Mann verzichten. Bedeutet eine Existenz entwickeln, die einen zur Sensibilität für den anderen, für die andere befähigt, so wie der Wind leicht über das goldene Kornfeld streift. Bedeutet zart werden, so wie der Kolibri sanft die Blüte küsst. Bedeutet sich den anderen gegenüber wohltätig erweisen, so wie der Regen für den ausgedörrten Boden ein Segen ist. Bedeutet eine Atmosphäre des Vertrauens verbreiten, sodass sich jeder und jede öffnen und bedenkenlos von den intimsten Dingen sprechen kann, von seinen Bemühungen und Misserfolgen, von seinen Begegnungen und Verfehlungen. Bedeutet den Menschen so konsequent wertschätzen, dass er sich akzeptiert, geachtet und aufrichtig geliebt weiß.

Wäre ich keusch in diesem Sinn gewesen, hätte ich mit der Frau Liebe gemacht. Nicht aus Mitleid, sondern aus freier Entscheidung und mit voller Hingabe. So gesehen, wäre Keuschheit Überschwang an Liebe und nicht Verzicht auf Liebe. Wäre ich keusch gewesen, keusch in diesem substanziellen Verständnis, oder gar – wer weiß – ein Heiliger ..., hätte ich gesündigt. Und in der Sünde wäre ich dem Gott begegnet, der die „Sünde" zur Gnade und die „Gnade" zur Sünde gemacht hat.

(Leonardo Boff, Am Rand des Himmels. Geschichten von Gott und Welt, Düsseldorf 1997, 29–31; Übers.: Horst Goldstein)

Trauer

Verlust und die Erfahrung von Trauer gehören unabdingbar zur Conditio humana. Alle sind wir dem unerbittlichen Gesetz der Entropie unterworfen: Alles erschöpft sich nach und nach, verliert an Beständigkeit; der Leib wird schwach, die Jahre lasten schwer auf einem, Krankheiten und Unpässlichkeiten zehren unwiederbringlich unser Lebenskapital und unseren Lebenswillen auf. Dies ist das Gesetz des Lebens in seinem natürlichen Lauf.

Doch es gibt auch unvermittelte Brüche in diesem natürlichen Gang der Dinge: Verluste, die traumatische Ereignisse darstellen, wie der Verrat durch einen Freund, ein schwerer Unfall, der geliebte Menschen ans Bett fesselt, der Verlust der Arbeit, die uns so erfüllte, der Verlust der Heimat, weil man gezwungen war, auszuwandern und Haus, Hab und Gut, Freunde und liebgewonnene Landschaften hinter sich gelassen hat, der Verlust eines geliebten Menschen durch Scheidung, und im Extremfall durch einen plötzlichen Tod durch einen Unfall oder Infarkt. Die Tragödie ist Teil des Lebens. Sie greift uns ans Herz und raubt uns Lebenssinn und Lebensfreude.

Es stellt eine große persönliche Herausforderung dar, einen Verlust zu verarbeiten, Resilienz zu entwickeln, das heißt aus Scheitern und existenziellen Krisen zu lernen, und die existenzielle Krise zu überwinden. Besonders schmerzhaft ist die Herausforderung, die die Trauer für uns bedeutet. Sie ist Zeichen des höchsten Verlustes. Obwohl sie nicht nur den Tod betrifft, sondern in vielfacher Weise die vielen Verlusterfahrungen im Laufe eines Lebens, so ist es doch der Tod, bei dem sich die Trauer in ihrer ganzen Schwere einstellt. Der Trauer wohnt eine Herausforderung inne: Sie will ausgelebt, erlitten, durchstanden und schließlich positiv überwunden werden, und dies wird sie in dem Maß, in dem ein Mensch durch sie ein höheres Niveau menschlicher Erfahrungsdichte erreicht. Das macht die Achtsamkeit in Bezug auf die Trauer so wichtig.

Es gibt viele Bücher über die Trauer. Bei uns sind vor allem die Schriften von Elisabeth Kübler-Ross bekannt. Sie alle legen den Akzent auf verschiedene Phasen, die normalerweise durchlaufen werden, wenn man den schmerzhaften und befreienden Trauerprozess durchmacht.

Die erste Phase ist die des *Nicht-Wahrhaben-Wollens*, der Leugnung: Angesichts einer schrecklichen Tatsache ist es eine natürliche Reaktion, auszurufen: „Das kann gar nicht sein!" „Das ist eine Lüge!" Der Lebensinstinkt weist die Infragestellung des Lebens von sich. Dann bricht untröstliches Weinen und Schluchzen aus, das man mit Worten nicht beschwichtigen kann.

Die zweite Phase ist die des *Zornes* und der Aggression. Sie kommt in Sätzen zum Ausdruck wie: „Warum gerade ich? Es ist nicht gerecht, dass mir das zustößt." Dies ist der Moment, an dem der Mensch die Grenzen des Lebens wahrnimmt, die nicht unter seiner Kontrolle stehen, und sich dagegen sträubt, sie anzuerkennen. Doch sie sind unerbittlich und stellen eine unüberwindbare Wand dar, an der unsere Wünsche scheitern. Wir werden schmerzhaft gewahr, dass das Leben unabwendbare Tragödien bereithalten kann. Nicht selten geben wir uns die Schuld am Verlust, weil wir nicht genug getan haben, um ihn zu verhindern.

Die dritte Phase ist die der *Depression*. Es stellen sich eine existenzielle Leere und ein völliges Desinteresse an den Dingen um einen herum und an der Welt ein. Wir verschließen uns in uns selbst und versinken in Selbstmitleid. Wir wehren uns dagegen, uns selbst wieder aufzurichten und an Format zu gewinnen. Wir erreichen den Grund des Brunnens und wir spüren, dass wir auf irgendein Zeichen warten, das uns die Lebensfreude zurückgibt. In dieser Phase erhält jedes freundliche Wort, jede Umarmung, jedes Wort des Trostes, auch wenn es sehr konventionell erscheint, eine unerwartete Tiefe.

Die vierte Phase ist die der *Selbststärkung*, indem man in eine Art *Verhandlung* angesichts des schmerzhaften Verlusts eintritt: Ich kann nicht völlig unterliegen und untergehen. Ich muss den Einsturz des Daches über meinem Lebensarrangement so lange verhindern, bis die Kinder großgezogen und ausgebildet sind, bis ich mein Leben gestaltet und errungen habe. Es handelt sich hierbei um eine anfanghafte Herstellung eines Sinnes, der eine Art Brücke des Lichtes in dunkler Nacht bedeutet.

Die fünfte und letzte Phase ist ein resigniertes und gelassenes *Akzeptieren des Unvermeidlichen.* Wir integrieren schließlich diese Verwundung in den Lauf unseres Lebens – eine Wunde, die vernarbt, aber ein Loch in der Seele hinterlässt, das niemals verschlossen werden kann. Niemand geht aus der Trauer so hervor, wie er sie begonnen hat. Im Allgemeinen reift der Mensch zwangsläufig und macht die Erfahrung, dass kein Verlust vollständig sein muss. Er bringt stets einen existenziellen Gewinn mit sich.

Die Trauer ist ein schmerzhafter Prozess. Deshalb bedarf sie der Achtsamkeit. Wir müssen über den Verlust eines geliebten Menschen mit allen Tränen, die wir haben, und in aller Intensität weinen. Wir müssen die Verdunkelung unserer Leitsterne akzeptieren und das Absurde durchmachen, das sich im Herzen des Lebens breit macht. Wenn ein geliebter Mensch stirbt, dann sterben wir in gewisser Weise mit ihm, und etwas von uns geht mit ihm dahin.

Es sei mir gestattet, hier ein Beispiel aus meinem eigenen Leben anzuführen, denn es kann möglicherweise besser als jede andere Reflexion die Notwendigkeit der Achtsamkeit hinsichtlich der Trauer verdeutlichen.

Im Jahr 1981 habe ich eine Schwester verloren, die mir sehr ans Herz gewachsen war und für die ich wegen ihrer zärtlichen Zuneigung besonders viel empfand. Sie war das jüngste von elf Kindern. Mitten in der Unterrichtsstunde stieß sie gegen 10.00 Uhr vor den Schülern einen lauten Schrei aus und fiel tot um. Es war ein medizinisch seltener Fall: Die große Körperschlagader (Aorta) war gerissen.

Alle zehn Geschwister, die aus allen Teilen des Landes herbeieilten, verzweifelten fast aufgrund dieses schockierenden Ereignisses. Wir weinten bittere Tränen. Wir verbrachten zwei Tage damit, Fotos herumzureichen und uns unter Tränen an wunderschöne Ereignisse im Leben der geliebten Schwester zu erinnern. Die Geschwister blieben einige Tage zusammen und teilten ihre Trauer in der Familie. Ich musste am nächsten Tag nach Chile reisen, wo ich für die Franziskaner Exerzitien predigen sollte. Jeder Vortrag war eine Übung der Selbstüberwindung. Von Chile reiste ich nach Italien, wo ich für eine ganze Kongregation Vorträge zur Erneuerung des Ordenslebens hielt. Die Mitglieder dieser Kongregation waren aus der ganzen Welt zusammengekommen. Auch hier durfte ich nicht fehlen.

Der Verlust der geliebten Schwester raubte mir die Konzentration und ließ keine Erleichterung zu, obwohl ich theoretisch so viel über die Auferstehung geschrieben habe, die sich genau im Moment des Todes ereignet. Doch dann passierte mir etwas Unerwartetes. Zwei- oder dreimal am Tag kam es zu einem überraschenden Zusammenbruch. Ich musste zum Arzt gebracht werden. Ich erzählte ihm das Drama, das sich ereignet hatte. Und er hat schnell verstanden und sagte zu mir: „Sie haben ihre Schwester noch nicht beerdigt und auch die notwendige Trauerarbeit nicht geleistet. Wenn Sie sich nicht um ihre Trauer und darum kümmern, Ihre Schwester zu beerdigen, dann wird sich Ihr Zustand nicht verbessern. Etwas von Ihnen ist mit ihr gestorben und muss wiedererweckt werden. Ihre Gestalt muss vor Ihren Augen als liebe und traurige Erscheinung vorüberziehen und in Ihrem Kopf als süße und liebe Erinnerung Einzug halten." Ich sagte daraufhin alle übrigen Verpflichtungen ab. In Stille und im Gebet achtete ich auf meine Trauer und integrierte den so schmerzvollen Verlust. Am Schluss dieses Prozesses saß ich mit meinem Bruder Clodovis, der auch Theologe ist, in einem Restaurant. Wir erinnerten uns voller Sehnsucht an unsere Schwester, die wir so sehr liebten, und schrieben den folgenden Text auf eine Papierserviette, die wir dann in ein kleines Erinnerungsbüchlein für Verwandte und Freunde klebten:

Dreiundreißig Jahre waren es, das Alter, das auch Jesus erreichte.
Jahre, die von viel Arbeit und Leid erfüllt waren.
Aber auch von viel Erfolg.
Sie hat den Schmerz der anderen auf sich genommen,
ihn im eigenen Herzen getragen, als Lösegeld.
Sie war klar und rein wie ein Gebirgsquell,
liebenswürdig und zärtlich wie eine Blume des Feldes.
Beharrlich und in Stille webte sie
einen wertvollen Stoff.
Sie hinterließ zwei gesunde und schöne Kinder
und einen Mann, der voller Stolz auf sie ist.
Glücklich bist du, Claudia, denn der Herr hat dich bei seiner Wiederkunft
aufrecht, bei der Arbeit,
mit entzündeter Lampe vorgefunden.
So bist du eingegangen in seinen Schoß,
in die unendliche Umarmung des Friedens.

Als wir ihre Papiere durchsahen, fanden wir den folgenden Satz auf einem losen Stück Papier, der für uns bis heute ein großes Fragezeichen darstellt. „In allen menschlichen Ereignissen liegt immer ein Sinn Gottes. Es kommt darauf an, ihn zu entdecken." Wir glauben an diesen Sinn, der nur Liebe und Güte sein kann. Doch er bleibt für uns noch verborgen und geheimnisvoll. Deshalb macht die Erinnerung den Verlust leichter erträglich, doch sie verhindert die Tränen nicht, die in uns jedes Mal aufsteigen, wenn wir ein Foto von ihr sehen, auf dem sie den kleinen Jungen zärtlich in ihren mütterlichen Armen hält.

(Leonardo Boff, Achtsamkeit. Von der Notwendigkeit, unsere Haltung zu ändern, S. 164–168, © Claudius Verlag, München 2013; Übers.: Bruno Kern)

Wie ein Schmetterling auf der Blüte

Viele Male hatte ich Veronika in der Klinik besucht. Jung, wie sie war, hatte sie bei uns im Kloster die Orgel gespielt. Sie siechte dahin. Leukämie. Die Sauberkeit im Krankenhaus hätte besser sein können. Doch sie war rein, von einer zarten, jungfräulichen Reinheit. Ihrer Ausstrahlung war sie sich bewusst. In beinahe kindlicher Unschuld hatte sie mir gesagt: „Bis heute hat mich keiner berührt. Weil mich keiner lieb genug gehabt hat. Und weil ich mich bewahre für den großen Tag, für die große Liebe. Und jetzt liege ich hier. Schwestern und Krankenpfleger reißen mir die Kleider vom Leib, wie's gerade sein muss. Die Ärzte, in Erfüllung ihrer Pflicht, fassen mich an, wo's gerade nottut. Ich werde sterben, ohne dass ich mich jemandem hingeben konnte, mit meinem ganzen Körper, mit meiner ganzen Seele. Jungfrau bin ich, ohne mich als Jungfrau zu fühlen. Eher schon fühle ich mich als Witwe, als Witwe einer Liebe, die ich nie hatte, als Mutter von Kindern, die ich verloren habe, ehe ich sie bekommen habe."

Merkwürdigerweise ging es ihr jedes Mal, wenn ich sie besuchte, besser. Weihnachten nahte, und Neujahr. Die Feiertage weckten in ihr Kräfte, deren sie ja so sehr bedurfte. Und erst die vielen roten Rosen. Und sie strahlte vor Zufriedenheit.

Der Abschied war schmerzlich. Wir ahnten: Es kann alles passieren. Auch der endgültige Abschied? Aber ist das Leben nicht immer für eine Überraschung gut? Steckt die Biografie eines Menschen nicht immer voller Magie? Zuversichtlich fuhr ich in die Ferien, weit weg.

Am Neujahrstag meldet sich plötzlich eine nie gekannte Kraft in mir. Es war, als flüsterte mir jemand ins Ohr: „Du musst sofort nach Hause!" Wie waren die Leute überrascht, als ich – trotz des Katers von der Silvesterfeier und trotz der achtzig Kilometer zum nächsten Flughafen, es gab nur einen einzigen Flug an dem Morgen – damit herauskam: „Ich muss nach Hause!" Nichts konnte mich halten. Ich kam gerade noch zur rechten Zeit, am späten Nachmittag. Mit einem Mal war mir alles klar.

Man trug den Sarg hinaus. Veronika, die heitere grüne Flur, hatte die Augen geschlossen (um besser zu sehen), am frühen Morgen. Wer mir da ins Ohr geflüstert hatte, war sie selbst gewesen. Ja, Veronika selbst. Die Auferstandene. Die Auferstandene hatte den Freund besucht, in der Ferne, damit er ihre Hülle der Mutter Erde zurückgäbe. Die Puppe war zum Schmetterling geworden. Und der Schmetterling war direkt zum Herzen Gottes geflogen. Nur die Puppe hatte er zurückgelassen. Die musste noch beerdigt werden.

Bei den Beerdigungszeremonien, die ich ihr hielt, blieb mir beinahe das Herz stehen, fast wäre mir die Stimme verstummt. Mit Veronika war ein Stück von mir geschieden.

Ich weiß nicht, warum. Doch je mehr die Jahre ins Land gehen, desto intensiver erinnert mich die Geschichte Veronikas an eine Tragödie in der Bibel, an die traurige Geschichte der unglücklichen Tochter des unseligen hebräischen Kriegers Jiftach.

Jiftach war ein mutiger politisch-religiöser Führer in Israel, vor dreitausend Jahren. Er schlug sich tapfer gegen die Ammoniter, welche die Israeliten an Zahl bei Weitem übertrafen. Als er wieder einmal feststellen musste, dass der Feind seinen Leuten weit überlegen war, machte er ein verhängnisvolles Gelübde: „Sollte mir der Sieg über die Feinde gelingen, werde ich den ersten Menschen, der mir begegnet, dem Herrn zum Opfer bringen." Jiftach gewinnt die Schlacht gegen die Ammoniter.

Auf dem Heimweg durchmisst er gerade die letzte Kurve des Weges, als ihm ein schlankes junges Mädchen entgegenkommt, mit wehenden Haaren und im Wind flatternden Rock, tanzend zur Pauke. Es freut sich über den Sieg seines Volkes.

„Gott im Himmel, das ist ja meine einzige Tochter!" kann Jiftach nur noch ausstoßen. „Es zerreißt mir das Herz. Welch eine Katastrophe! Dem Herrn hab' ich ein Gelübde gemacht, und jetzt kann ich nicht mehr zurück. Meine Tochter ist der Preis für meinen Sieg und für alle anderen Siege, die ich vielleicht noch erringe. Tochter, warum nur bist du mir entgegengekommen? Warum warst du die Erste? Warum?"

Das Mädchen bleibt stehen auf dem Weg, lässt die Pauke sinken und begreift sofort, worum es geht. Gelassen und mit gefasster Stimme sagt es: „Vater, du hast das Gelübde nun mal abgelegt. Verfahre mit mir, wie du im Gelübde geschworen hast. Ist das denn nicht der Preis für deinen Sieg? Doch erfülle mir noch einen letzten Wunsch: Lass mich zwei Monate frei ziehen, damit ich mit meinen Freundinnen durch die Berge streifen und meine Jungfrauenschaft beweinen kann!"

Jiftach schweigt, er schweigt lange. Schließlich kommt es zwischen seinen geschlossenen Lippen trocken hervor: „Geh nur!" Und die junge Frau geht mit ihren Gespielinnen in die Berge Judäas, um ihre Jungfrauenschaft zu beweinen.

Nach zwei Monaten kommt das Mädchen zum Haus des Vaters zurück. Und dieser erfüllt, was er dem Herrn gelobt hatte.

Die junge Frau „aber hatte noch mit keinem Mann Verkehr gehabt. So wurde es Brauch in Israel, dass Jahr für Jahr die Töchter Israels in die Berge gehen und die Tochter Jiftachs beklagen", heißt es knapp in der Erzählung der Bibel (Buch der Richter 11,39–40). Noch heute, Leserin und Leser, wenn du Glauben hast und – wie es mir vor einigen Jahren vergönnt war – durch die Berge bei Hebron streifen kannst, zu Beginn des Frühlings, wenn allenthalben auf den Fluren die Blumen sprießen, und wenn du dann von den Bergen her Klagerufe junger Mädchen mit aufgelösten Haaren und wehenden Röcken hörst, dann wisse: Das sind die Freundinnen der Tochter Jiftachs. Noch heute, nach dreitausend Jahren, beweinen sie das Unglück, das ihr widerfuhr. Doch sie weinen nicht, weil sie zum Opfer dargebracht wurde. Sondern sie weinen, weil sie als Jungfrau sterben musste, weil kein Mann ihren Körper berühren konnte, weil ihr das Verzücken vorenthalten blieb, weil sie kein einziges Mal die reife Liebe des Mannes erlebt hatte; weil sie das Wunder des Lebens nicht fortpflanzen konnte.

Genau so, Leserin und Leser, solltest du an einem ersten Januar welchen Jahres auch immer in einer Stadt im Gebirge des brasilianischen Staates Rio de Janeiro über die Straße des Friedhofs gehen, die kleine Steigung hinauf und dann gleich hinter der Kurve rechts auf dem Grab immer frische Blumen sehen und ein gedämpftes Klagen hören, voller Wehmut und Sehnsucht, dann wisse: Das alles ist Veronikas wegen, der grünen heiteren Flur.

(Leonardo Boff, Am Rand es Himmels. Geschichten von Gott und Welt, Düsseldorf 1997, 12–16; Übers.: Horst Goldstein)

Stabat mater

Gestern habe ich Lúcio beerdigt. Sechzehn Jahre war er alt geworden. Er hatte in der Favela Lixão[7] unserer Stadt gelebt. Tag für Tag, jedes Mal, wenn dort ein Müllwagen ankommt, entwickelt sich auf der Müllhalde ein wüster Kampf zwischen Kindern und Schweinen, Erwachsenen und Hunden, Aasgeiern und allem, was Beine hat. In verhängnisvoller Geschwisterlichkeit, im Kampf ums bloße Überleben vereint, wühlen alle nach dem, was sie irgendwie verwenden können.

Lúcio lebte vom Müllsammeln. Er wurde Opfer einer Gesellschaft, die ihre Söhne und Töchter vor die Tür setzt, wo sie vom Dreck ihrer Städte leben und sich ernähren sollen. Mit sieben hatte er angefangen zu trinken. Ohne Zweifel, um den gesellschaftlichen Rausschmiss ertragen zu können. Mit sechzehn, unterernährt, wie er war, erlag er einer Leberzirrhose. Immer wieder von Schluchzen unterbrochen, äußerte die Mutter auf dem Friedhof: „Ich hab's nicht fertiggebracht, meinen Sohn zu erziehen. Er hat das Leben nicht ausgehalten. Ist mit den Problemen nicht fertig geworden. Hatte ja auch keinen Glauben. War einfach zu schwach. Deshalb musste er sterben." Und die Frau weinte verzweifelt.

Mit einem Mal wurde mir die Zerrissenheit des Augenblicks klar. Um sie ein wenig zu trösten, suchte ich nach möglichst einfühlsamen Worten, die mir jedoch beinahe im Halse steckengeblieben wären. Mögen unsere Worte auch noch so überlegt sein, nie vermögen sie ein verwundetes Herz zu heilen, wenn dieses keinen Trost mehr will.

Ich dachte an das Klagen der Mütter von Betlehem, deren Söhne Herodes hatte ermorden lassen. In der Bibel heißt es: „Ein Geschrei war in Rama zu hören, lautes Weinen und Klagen. Rahel weinte um ihre Kinder und wollte sich nicht trösten lassen; denn sie waren dahin." (Matthäus 2,18).

---

7 *Lixão* = großer Dreck.

Dennoch stammelte ich der Mutter zu: „Gott ist ein Gott derer, die vor der Zeit sterben. Derer, die nicht mehr glauben können, vielleicht weil das Leben mit ihnen zu hart umgesprungen ist und weil es Gottes selbst unwürdig ist. Gott ist ein Gott der Schwachen, die wie die Hebräer in Ägypten nur noch schreien können, wie die Mütter der unschuldigen Kinder in Betlehem, die Herodes hat umbringen lassen, und wie die Freundinnen Jesu, Marta und Maria, die ihre Tränen nicht zurückhalten konnten, weil sie ihren Bruder Lazarus verloren hatten. Gott ist ein Gott aller, die scheitern, wie Jesus am Kreuz. Gott hört das Schluchzen all dieser Menschen. Deshalb fanden die Hebräer am Ende ja doch noch in ihr Land. Deshalb gab Jesus auch dem Lazarus das Leben zurück. Deshalb stand Jesus von den Toten auf. Was Ihr Sohn Lúcio hat mitmachen müssen, war einfach zu viel für ihn. Gott konnte sein Unglück nicht mehr mit ansehen, er hat Mitleid mit ihm gehabt. Deshalb hat er ihn zu sich gerufen. Er wollte nicht mehr, dass Ihr Sohn weiter Opfer vom Schnaps und von einer Gesellschaft würde, die einer Mutter keine Chance gibt, ihre Kinder zu erziehen, und diesen keine Chance, eine Arbeit zu finden. Gott hat Lúcio geholt, damit er ein besseres Leben hat und mehr lebt. Damit er sich endlich ausruhen kann. Lúcio ist gestorben, damit er frei sein kann. Damit ihn Gott auf immer in seine Arme schließen kann. Ich versichere Ihnen, Gott, unser Vater voller Güte und unsere Mutter voller Zärtlichkeit, hat Lúcio gesagt – und ich hab's genau gehört: ‚Komm, mein Sohn. Ich sehne mich so nach dir. Warum hast du so lange auf dich warten lassen? Komm! Kannst dich endlich ausruhen. Bis heute hast du kaum was zu beißen gehabt, jetzt wirst du dich satt essen können; es wird dir nichts mehr fehlen. ... Brauchst nie mehr auf die Müllhalde zu gehen und verdorbenes Zeug essen. Nie mehr ... Freu dich! Ich selbst werde mit dir spielen'."

Zu meiner Überraschung beruhigte sich die Frau.

Ich sprach die letzten Gebete über dem offenen Sarg. Alles armselig, wie bei armen Leuten. Ein Sarg war das eigentlich gar nicht, sondern nur ein paar billige Bretter, zusammengeschlagen, mit großen Abständen dazwischen und mit einem schwarzen Tuch umhüllt. Darum herum andere Müllsammler. Die Trauer stand ihnen ins Gesicht geschrieben. Alle wussten ja, wie Lúcio gestorben war und warum er in solch jungen Jahren, von Alkohol verbraucht, hatte sterben müssen.

Die Mutter hing mit den Augen an ihrem toten Sohn, schweigend, mit verlorenem Blick, wie jemand, der einen Sinn sucht, der aber nirgendwo zu finden ist. Lúcio, ärmlich gekleidet, den zahnlosen Mund halb geöffnet. Sie beugte sich über ihn.

Inzwischen hatte ich die Gebete beendet. Freunde wollten gerade den Deckel auf den Sarg legen. Doch die Mutter, mit sanfter Gebärde, hinderte sie daran. Noch einmal wollte sie den Sohn sehen. Lange haftete ihr Blick an ihm. Ein paar verwelkte Rosenblütenblätter, die auf seinem Hals lagen, entfernte sie noch. Und dann betrachtete sie wieder den toten Sohn mit einem Blick, wie Pietàs zu allen Zeiten ihn haben. Mit unendlicher Zärtlichkeit und unbeschreiblicher Ergebung an das Schicksal.

Der Kragen des Hemdes war nicht ganz in Ordnung. Ein Knopf stand offen. Sorgfältig knöpfte sie ihn zu, als ob Lúcio auf ein Fest wollte oder ein wichtiges Treffen hätte. Die wenigen Blumen, schon angewelkt, verteilte sie noch einmal über die Leiche hin. Und noch einmal rückte sie das verwaschene Hemd zurecht. Alles sollte hundertprozentig sein.

Jetzt, jetzt war alles in Ordnung, trotz aller Armut. Gelassen trat sie beiseite. „Kannst jetzt gehen, mein Sohn. Geh zu Gott. Dass dich Gott empfängt und in seine Arme nimmt, wie er den verlorenen Sohn aufgenommen und in seine Arme geschlossen hat. Geh!" Nur ein Murmeln.

Erst jetzt machten die Männer den Sarg zu. Rasch. Sie senkten ihn in eine Grube in der Erde, besser in ein Loch an einem Hang, wo man sich der Armen und Entrechteten dieser grausamen und unbarmherzigen Gesellschaft entledigt.

Langsam ging ich nach Hause, über die zärtliche Gebärde und die liebevolle Sorgfalt der Mutter nachdenkend. Wie sich die Frau ihrem Sohn gegenüber vor dessen Beerdigung verhalten hatte, das verlieh ihr Würde und einen seltsamen Glanz, die die Trauer des Augenblicks weichen ließen.

Die Sorge der Mütter begleitet das Leben der Kinder bis zum Tod ... und über den Tod hinaus. Die Zärtlichkeit überlebt den Schmerz. Sie ist stärker als der Tod. Die Zärtlichkeit entbindet das Leben, das im Tod enthalten ist. Kümmerten sich Frauen und Männer, kümmerte sich Gott nicht mit solch wesensmäßiger Zärtlichkeit um Welt und Schöpfung, ob es uns dann wohl noch gäbe? Ob es dann überhaupt noch Sinn machte, zu leben und die Zeit zu ertragen? Lúcios Mutter heißt Ziza. Eine arme Frau voller Stärke, Zärtlichkeit und Glauben. Sie lebt noch. In Würde. Durchwühlt noch immer die Müllhalde, sorgfältig wie eh und je. Auch die anderen Kinder, arm und entrechtet, wollen ja etwas zu essen haben, so schwierig es ist. Mag die Gesellschaft die Schöpfung noch so böse ausbeuten, Ziza, Lúcio und die anderen sind Gottes vielgeliebte Kinder.

Mein Gott, muss die Welt denn so verkehrt sein? Warum? Warum, mein Gott?

(Leonardo Boff, Am Rand des Himmels. Geschichten von Gott und Welt, Düsseldorf 1997, 32–36; Übers.: Horst Goldstein)

Pietà

Frauen haben, weil sie Frauen sind, ein drittes Auge. Mütter aber, weil sie Mütter sind, haben ein totales Auge. Mit einem einzigen Blick nehmen sie alles wahr. Deshalb können sie sich auch auf die großen Geheimnisse von Liebe und Tod einstellen. Aber auch die anderen können sie darauf einstimmen, sie in menschlicher Weise zu bejahen.

Lakonisch hieß es: „Ihr zweiundzwanzigjähriger Sohn Eduardo hat einen Verkehrsunfall gehabt. Auf dem Weg zur Fakultät ist er angefahren worden. Suchen Sie Ihre Tochter auf; diese weiß, wo sich der Verunglückte befindet. Zusammen mit der Tochter können Sie ihn dann sehen." Kein Mensch wusste, wo und unter welchen Umständen Eduardo den Unfall gehabt hatte. Doch für die Mutter war alles sofort klar: „Er wird sterben, Duda, mein lieber Junge. Mein Gott, Eduardo ist mein Kind, aber vor allem ist er dein Kind. Ich übergebe ihn dir, mit zerrissenem Herzen. Aber gib mir die Gnade, ihn noch einmal lebend zu sehen und ihm einen letzten mütterlichen Kuss zu geben."

Wir trafen im Unfallkrankenhaus ein. Eduardo lag auf einer Rollbahre. Blutüberströmt. Den Kopf verbunden. Die Bandagen blutgetränkt. Die Mutter trat an die Bahre und sagte: „Mein Junge, ich bin's, deine Mutter. Ich bin bei dir. Sei ganz ruhig, ganz gelassen! Gott wird dir beistehen – und uns allen. Es wird ja alles wieder gut." Und sie gab ihm einen Kuss voll unbeschreiblicher Zärtlichkeit. Der Sohn seufzte tief, während ihm das Blut vom Kopf bis in den Mund lief. Am anderen Morgen fuhren wir in aller Frühe wieder ins Krankenhaus. Inzwischen jedoch war die Mutter tief besorgt und fast schon erstarrt. Beinahe jammernd und doch ergeben klagte sie: „Mein lieber Junge, warum hattest du's denn wieder so eilig, wie immer? Aber ich habe dich ja schon Gott übergeben. Mein Gott, er ist durch mich hindurchgegangen. Ich habe ihn empfangen. Er ist mein geliebtes Kind. Aber er gehört auch ihm. Er ist sein Kind, seit aller Ewigkeit. Eduardo ist in Gottes Händen. Aber es tut so weh, ganz tief weh, ganz tief da drinnen." Sich mit allem abfindend, ließ sie die warmen Tränen über das blasse Gesicht laufen.

Dabei gewann sie eine Schönheit, die nur die Heiterkeit des inneren Friedens und der göttlichen Gnade zu verleihen vermag.

Bis zum nächsten Tag – welch endloses Warten, welch banges Hoffen, mein Gott! Die Untersuchungen, die Tomografie, die Medikamente, die Worte des Arztes, der uns fast wie eine Gottheit vorkam, Träger von Botschaften der Hoffnung oder des Zerrissenwerdens, des Lebens oder des Todes. Wie viel Beten, wie viel positive Energie! Doch alles schien in einem schwarzen Loch zu ersterben, wie es selbst das hellste Licht verdunkelt und schließlich zum Erlöschen bringt.

Und *dann* der Tag. Tag des endgültigen Abschieds. Es war 11.30 Uhr. Es bedurfte nur eines Blicks auf den ärztlichen Tagesbericht. Die Mutter begriff sofort: Duda ist nicht mehr! Die Geschwister verzweifelt. Millionen und Abermillionen Jahre – denn so alt ist ja jeder von uns – brachen aus in versammelte und verdichtete Tränen. Die Auflehnung der Geschwister – unerfahren mit der Sterblichkeit des Lebens – explodierte in Faustschlägen gegen die Wände. Schluchzen, dass es einem Brust und Herz hätte zerreißen können. Die Mutter weinte ein gefasstes, volles, wesenhaftes Weinen. Ihr Mund erschien wie eine Rose, die sich öffnete und verwelkte. In ihrem Weinen lag ein Stück Leben über das Leben hinaus.

Dann tröstete sie einen nach dem anderen: „Gott weiß, wofür alles gut ist. Duda lebt, ihm geht es besser als uns. Er wird uns begleiten. Er ist bei Gott. Und Gott ist bei uns." Und unter Tränen, ohne jeden Anflug von Verzweiflung, wiederholte sie ihre einfühlsamen Worte.

Man brachte die Leiche aus der Intensivstation in die Krankenhauskapelle. Keiner durfte hinein. Dennoch gelang es der Mutter, durch einen engen, dunklen Seiteneingang in die Kapelle vorzudringen. Niemand hatte sie bemerkt. Allein stand sie vor dem Sohn. Sie gab ihm einen letzten Kuss. Fleisch von ihrem Fleisch. Mater dolorosa. Aber gelassen. „Mein lieber Junge", streichelte sie ihn mit zärtlichen Händen, voll einer Zärtlichkeit, wie alle Mütter aller Zeiten und aller Schmerzen sie seit alters her haben. „Mein lieber Sohn", berührte sie sein geschwollenes, lebloses Gesicht. Und aus diesem schien ein Lächeln zu erblühen, wie wenn es lebte.

„Mein lieber Junge. Geh zu Gott! Geh in deine Freiheit!" Und noch ein milder Kuss, lange, voller Achtsamkeit, wie wenn man das Gesicht eines Neugeborenen küsst. Ja, richtig: eines Neugeborenen. Eduardo war gerade geboren im Herzen des mütterlichen Gottes.

Der Leichnam wird in die Stadt überführt, in der Eduardo geboren wurde, siebzig Kilometer von Rio de Janeiro entfernt. Er hat den Anzug an, der ihn als resoluten jungen Mann ausweisen sollte. Und den konnte er auch großartig darstellen. Mit ruhiger Gebärde, als dirigiere sie ein Musikstück, arrangiert die Mutter ergeben über den ganzen Leichnam die Blumen. Alle weinen und lösen sich in Tränen auf. Die Mutter aber sagt kein Wort und fährt fort, mit einer Feierlichkeit, welche den ganzen Raum erfüllt. Als sie fertig ist, umarmt sie den Sohn milde und flüstert ihm zu:

„Mein Junge, geh in deine Freiheit! Setz all deine Träume in die Tat um! Diese Welt war zu klein für das, was du wolltest. Leb jetzt deine Freiheit in Gott! Mein Sohn, geh! Komm gut bei Gott an! Tauch ein in sein Leben und in seine Liebe! Geh schon, mein geliebter Sohn! Die große göttliche Mutter wird dich in Empfang nehmen."

Schließlich wird der Sarg auf das Landgut der Familie gebracht, wo die Beerdigung stattfindet. So hatte es Duda gewollt. Wie wenn er um alles gewusst hätte, hatte er sogar die Stelle bestimmt: eine Lichtung innerhalb des in natürlichem Zustand belassenen Urwaldes. Hier gibt es Blumen, Vögel und Schmetterlinge. Hier erklingt die Sinfonie der Urwaldbewohner. Hier ist alles eine große kosmische Gemeinschaft. Hier verbindet sich Eduardo mit der großen Pacha Macha, aus der er ja auch hervorgegangen ist. Kosmos wird er werden, Baum, Saft, Samen, Blume, Frucht, Licht, neuer Mensch, auferstanden im Herzen des Alls, wo Gott seine Wohnung hat.

Die Geschwister und der Vater werfen sich über den reglosen Körper des Toten. Keiner will ihn fahren lassen. Die Szene zieht sich peinlich hin. Zum Schluss die Mutter: Sie beugt sich sanft über ihn und küsst den geliebten Sohn ein letztes Mal, und dann noch einmal, und ein drittes Mal. Mit einer solchen Sanftheit, dass man sich an einen Kolibri auf einer Rose erinnert fühlt. Ihr Weinen ist milde, wie das einer Greisin, beladen mit Tagen und Jahren und mehr noch mit der Erfahrung, dass Leben vergeht.

Am folgenden Tag, nach der Beerdigung, fand dann noch eine spezielle Abschiedsfeier statt. Noch einmal ziehen alle auf die Lichtung im Wald. Sie führen einen Bambusstamm mit, dick und lang, an den Botschaften der Verbundenheit und der Sehnsucht geheftet sind.

Die Mutter hat sechs Margariten gemalt, als Zeichen für ihre sechs Kinder. Doch eine Margarite ist von Lichtstrahlen umgeben und sieht aus wie ein Stern. Eduardo: der Stern. Eine Brücke ist geschlagen zwischen Himmel und Erde. Duda ist zum Stern geworden, zum Abend- und Morgenstern.

Sie wollte am Grab sein, bevor die anderen kämen. Wieder allein mit dem Sohn. „Junge, warum bist du nur so hastig gewesen, wie immer in deinem Leben? Wie oft habe ich dir nicht gesagt: ‚Erst zweimal denken, bevor man einmal handelt!‘ Und immer hast du genau das Gegenteil getan. Aber das war wohl dein Weg. Deine Eile war dein Weg, ans Ziel zu kommen, in deinem Ende und ohne Ende. Mein lieber Junge, es tut so weh, da drinnen tut's weh, im Herzen, weil ich dich ja nicht mehr an die Brust drücken und küssen kann, wie ich's möchte. Ich kann dir ja nicht mehr sagen, dass ich dich liebe und wie sehr ich dich liebe. Aber eines verspreche ich dir: dass ich immer sagen werde, ich hätte sechs Kinder, fünf auf der Erde und eines da oben. Alle seid ihr weiter meine Kinder, ohne Ausnahme. Du gehörst Gott, bist aber auch mein Kind, für immer, jetzt und für alle Zeit.“

Der Glaube verklärt ihr das Gesicht und verleiht dem ganzen Äußeren eine besondere Würde. Nicht nur Dudas Mutter war sie. Für einen Augenblick war sie die Mutter aller Mütter, die große, verehrte Magna Mater, stark, zart, hochherzig, die Leben gebiert, bis über dieses Leben hinaus. Ich wurde nicht müde, sie zu betrachten, mit größter Ehrfurcht. Und als wir am Abend erschöpft im Bett lagen, ruhte sie sich an meine Schulter gelehnt aus und weinte leise, ergeben wie der kleine Prinz. Denn sie wusste, dass da ganz oben, am Herzen des Vaters und der Mutter im Himmel, jetzt eine Blüte lag, die, in ihrem Beet gewachsen, nunmehr den göttlichen Garten schmückte. Ein Stück von ihr war schon Ewigkeit geworden. Und sie selbst fühlte sich auch irgendwie bereits verewigt und letztgültig gerettet.

Aber welch ein Schmerz, welch unermesslicher Schmerz, mein Gott, Schmerz aus einer abgrundtiefen Leere, die aber nach einer noch tieferen Gegenwart schreit. Warum, mein Gott, schaffst du nur, wenn du nachher alles wieder wegschaffst? Warum? Sie selbst erinnerte sich meiner Worte und tröstete sich damit: „Wir leben nicht, um zu sterben. Wir sterben, um aufzuerstehen. Wir sterben, um mehr und besser zu leben."

PS: Dann und wann überrasche ich sie, wenn sie, in einer Ecke sitzend, allein vor sich hin weint. Die Sehnsucht nach einem Leben, das aus dem Herzen geboren wurde, ist unstillbar. Die Sehnsucht des Herzens stumpft nie ab, mögen auch alle Söhne und Töchter nacheinander sterben. Immer spüren wir eine unaussprechliche Gegenwart, die schmerzt und uns mitunter die Tränen kommen lässt.

Heiligabend haben wir eine kleine brasilianische Tanne auf Eduardos Grab gepflanzt. Denn in der Familie war es immer Eduardo gewesen, der den Weihnachtsbaum geschmückt hatte. Der Wald ringsum zeigte nach dem Regen sein üppiges tropisches Grün. Blumen und Blüten klatschten in die Hände vor Freude, um im Voraus die Geburt des Gotteskindes auf Erden zu feiern. Vor dem mit weißen Steinchen bedeckten Grab stehend, betete sie, leise weinend: „Ich möchte doch meinen Sohn in die Arme nehmen, seine Augen sehen, ihn an meiner Brust weinen lassen, wie damals, wenn er todmüde spätabends nach Hause kam. Nie mehr! Nie mehr! Wie gern würde ich auf der Stelle sterben, um ihn umarmen und küssen zu können. Nie mehr ist Zeit genug, mein Gott, die Zeit ist zu lang. ... Ach, mein Gott! Ach, mein Duda! Gott ...

„Frau, du hast einen großen Glauben ...“

Und die Frau, die ich seit Jahren kannte, rief mich beiseite und sagte in einem geheimnisvollen Ton: „Mein Bruder, ich möchte Ihnen ein Geheimnis zeigen. Kommen Sie mal!“

Wir gingen in das Zimmer. Im Bett ihr Kind. Ein Monstrum. Der Kopf so groß wie der eines Erwachsenen. Der Körper so klein wie der eines Säuglings. Der Blick haftete an der Decke. Die Zunge streckte es heraus und zog sie ein wie eine Schlange.

„Mein Gott!“ rief ich und stöhnte.

„Mein Lieber“, sagte die Frau, „ich pflege meinen Jungen schon seit acht Jahren. Er kennt nur mich. Ich hab’ ihn sehr lieb. Fast niemand weiß von ihm.“

Ungestüm sagte sie: „Gott ist gut. Gott ist Vater ...“

Und beruhigt sah sie nach oben:

„Dein Wille geschehe, wie im Himmel, so auf Erden.“ Nur das sagte sie. Und sie sagte damit alles.

Ich ging, ohne ein Wort zu sagen. Betroffen. Niedergeschlagen wegen des Jungen, beeindruckt wegen der Mutter.

Nur ein Wort kam mir in den Sinn:

„Frau, du hast einen großen Glauben.“ (Matthäus 15,28).

(Leonardo Boff, Am Rand des Himmels. Geschichten von Gott und Welt, Düsseldorf 1997, 45; Übers.: Horst Goldstein)

Achtsamkeit und Sorge

Diese alte Fabel des Hyginus, eines Ägypters und Bibliothekars des Kaisers Augustus, hat bereits der Philosoph Martin Heidegger in seinem Werk „Sein und Zeit" wiedergegeben, um einen wesentlichen Grundzug des menschlichen Daseins, die Sorge, herauszustellen. Leonardo Boff stellt in seinem inspirierenden Buch „Achtsamkeit" einen ganz anderen Zusammenhang her: Dort übersetzt er „Sorge" eben mit jenem aus dem Buddhismus stammenden Begriff „Achtsamkeit", der eine besonders intensive Erfahrung der Gegenwart und ein besonders intensives Wahrnehmen der Bedürfnisse anderer meint. Achtsamkeit hat bei uns mittlerweile sogar als Therapieform in die Psychiatrie Eingang gefunden.

Als einst die „Sorge" über den Fluss ging, sah sie tonhaltiges Erdreich: Sinnend nahm sie davon ein Stück und begann es zu formen. Während sie bei sich darüber nachdenkt, was sie geschaffen, trat Jupiter hinzu. Ihn bittet die Sorge, dass er dem geformten Stück Ton Geist verleihe. Das gewährt ihr Jupiter gern. Als sie aber ihrem Gebilde nun ihren Namen beilegen wollte, verbot das Jupiter und verlangte, dass ihm sein Name gegeben werden müsse. Während über den Namen die „Sorge" und Jupiter stritten, erhob sich auch die Erde (tellus) und begehrte, dass dem Gebilde ihr Name beigelegt werde, da sie ja doch ihm ein Stück ihres Leibes dargeboten habe. Die Streitenden nahmen Saturn zum Richter. Und ihnen erteilte Saturn folgende anscheinend gerechte Entscheidung: „Du, Jupiter, weil du den Geist gegeben hast, sollst bei seinem Tode den Geist, du, Erde, weil du den Körper geschenkt hast, sollst den Körper empfangen. Weil aber die ‚Sorge' dieses Wesen zuerst gebildet, so möge, solange es lebt, die ‚Sorge' es besitzen. Weil aber über den Namen Streit besteht, so möge es ‚homo' heißen, da es aus humus (Erde) gemacht ist."

(Aus Herders Gedicht: Das Kind der Sorge, Suphan XXIX, 75; wiedergegeben in Leonardo Boff, Achtsamkeit. Von der Notwendigkeit, unsere Haltung zu ändern, München 2013, 44–45)

„Einer trage des anderen Last ...“[8]

Dona Rita[9] lebt in der Favela. Die Armut ist groß. Oft genug haben die Kinder nichts zu essen. Morgen für Morgen verlässt Dona Rita das Haus und geht zur Arbeit in ein reiches Viertel der Stadt. Dort ist sie Hausbedienstete. Ihre Arbeit tut sie gewissenhaft. Eines Tages bietet man ihr zu Mittag ein herrliches, reichhaltiges Menü an. Doch Dona Rita rührt den Teller nicht an. Sie weint nur. Nach einiger Zeit bringt man ihr ein Glas Cajú-Saft[10]. Auf die Frage: „Dona Rita, warum essen Sie denn nicht? Warum schauen Sie denn nicht mal die guten Sachen an?“, antwortet sie nur: „Meine Kinder zu Hause haben Hunger. Wie soll ich da was essen können, wenn die nichts haben?“

„Was soll das denn?“ fährt ihr ein Kollege in die Parade. „Hast du denn keinen Hunger?“

„Natürlich habe ich Hunger“, antwortet sie.

„Dann iss doch auch. Was hat denn das mit deinen Kindern zu tun? Iss dich satt, dann geht dir die Arbeit besser von der Hand, und zu Hause kannst du auch noch was tun.“

„Nein, heute esse ich nichts“, wehrt sich Dona Rita entschieden. „Wenn ich das hier essen würde, bekäme mir das nicht. Lieber fühle ich, was meine Kinder fühlen, Hunger, als das hier auch nur anzufassen. Was für eine Mutter wäre ich sonst! Ich will doch nicht aufhören, Mutter zu sein, bloß wegen eines Tellers zu essen!“

---

8 Vgl. Galater 6,2.

9 Anrede und Bezeichnung einer Person erfolgen im Portugiesischen in der Regel durch den Vornamen, dem der Titel „dona“ = gleich Frau bzw. „senhor“ = Herr vorangestellt wird. Da „Frau Rita“ im Deutschen ungewöhnlich klänge, wird hier die gängige brasilianische Form „Dona Rita“ unverändert beibehalten.

10 Cajú = Nierenbaum. Die Frucht und vor allem die Nuss des Nieren- bzw. Cajúbaumes, erstere als verdickter, saftiger, essbarer Stängel oberhalb der Nuss sitzend, sind im Deutschen (leider fast nur) in der anglisierten Form „Cashew“ bekannt.

Dona Rita kann sicher nicht definieren, was Solidarität ist. Aber sie lebt sie konsequent, im tiefsten und radikalsten Sinn des Wortes. Auf der Ebene, auf der sich die Menschen mit dem Los der anderen identifizieren, im Leiden und in der Freude, im Schmerz und im Hunger, in Demütigung und Hilflosigkeit, da bewährt sich Solidarität.

„Ich habe keine Angst davor, dass ich mal nichts zu essen auftreibe", sagte mir ein Bettler auf der Straße. „Irgendwas krieg' ich immer. Angst habe ich davor, einsam zu sein." Solidarität verhindert, dass jemand mit seinem Hunger allein dasteht. Ein Schwacher und ein Schwacher sind nicht zwei Schwache. Ein Schwacher und ein Schwacher gibt einen Starken, vorausgesetzt, zwischen den beiden herrscht ein Mindestmaß an Solidarität, welche die Einsamkeit verjagt und Einheit schafft. Einheit macht bekanntlich stark.

Ob die Menschheit ohne solch eine Einstellung überhaupt noch menschlich sein kann? Ohne elementare Solidarität gehen wir weiter aggressiv auf die Natur los. Wenn wir uns nicht endlich mit jedem Element des Weltalls identifizieren, wenn wir uns nicht endlich selbst als Teil der Sonne fühlen, des Mondes und der Sterne, der Wolken und der Vögel, der Bäume und der Blumen, des Goldäffchens und des Ameisenbärs in unseren tropischen Wäldern oder des chinesischen Pandabärs, den vor allem Frauen ja so sehr mögen, wenn wir nicht endlich die Erfahrung der Nichtdualität mit den Menschen, mit den Armen und Hungernden zumal machen, dann werden die schmerzlichen Kreuzwege kein Ende haben in der Welt bis zum Jüngsten Tag.

Wenn jedoch Solidarität zwischen den Menschen aufblüht, dann, ja dann werden wir uns alle gegenseitig achten und ehren, ehren und lieben, lieben und uns mit allem und mit allen als eine Einheit verstehen. Alles wird dann gerettet sein, weil es nun doch noch kraft des Herzens verbunden und rück-gebunden ist. So gesehen ist selbst der Hunger zu ertragen, weil er dann nicht mehr der Hunger nur eines Menschen in seiner Einsamkeit ist. Mengen stehen ihm zur Seite, da der Mensch dann die Welt immer solidarisch bewohnt. Aus diesem Grund ist niemand, ist nichts eine Insel, nicht einmal ein Meteor, der durch den Weltraum schießt. Alle gehören wir uns gegenseitig, alle befinden wir uns innerhalb eines wohltuenden Kraftfeldes, alle sind wir das Universum, das fühlt, denkt, liebt, sich solidarisiert und Ehrfurcht empfindet.

(Leonardo Boff, Am Rand des Himmels. Geschichten von Gott und Welt, Düsseldorf 1997, 46–48; Übers.: Horst Goldstein)

Das Vaterunser der Armen und der Hunde[11]

Es ist früh, wie jeden Morgen,
Kinder streiten sich mit Hunden um Mülltonnen.
Alles wird durchgewühlt,
'rein und 'raus.
Speisereste aus dem Müll,
sie teilen sich mit Hunden
das verfaulte Brot aus dem Müll.

Eine Hundewelt ohne Herz.
Das ist die Art und Weise,
die Gott gefunden hat,
das Gebet
dieser armen hungrigen Kinder:
„Unser tägliches Brot gib uns heute",
aufzunehmen.

Von diesem Tag an
war das Brot auf unserem Tisch
– ich sage die Wahrheit, ich lüge nicht –
nicht mehr dasselbe.
Dank den Armen
war es bitter geworden,
voller Lästerungen der Armen,
die für Gott Bitten sind.
Und erst dann wurde es süß und gut,
als es geteilt wurde
mit den hungernden
Kindern und Hunden.

(Leonardo Boff, Am Rand des Himmels. Geschichten von Gott und Welt, Düsseldorf 1997, 49–50; Übers.: Horst Goldstein

11 Dem Vaterunser hat Leonardo Boff ein eigenes Buch gewidmet (s. Literaturverzeichnis).

Mandacaru, erzähl mir von Gott!

Einmal überraschte sich Franz von Assisi – oder war's Franz von Canindé[12]? – dabei, dass ihm ganz wohl war, so sehr verkostete er Gott in allen Dingen. Also machte er sich auf den Weg und zog singend durch das Land und lud die Leute ein, mit ihm zu singen.

Dabei kam er an einem Mandacaru[13] vorbei, blieb stehen und sagte zu dem Riesenkaktus: „Mandacaru, mein Bruder, erzähl mir von Gott!" Den Mandacaru durchzuckte es leicht, wie wenn ihn ein sanfter Wind angerührt hätte. Und er ließ alle seine Blüten sich öffnen, ungefähr so, als ob in der nordöstlichen Dürrelandschaft die Regenzeit mit all ihrem guten Wasser angebrochen wäre oder als ob in anderen Gegenden der Welt der Frühling sich gemeldet hätte.

Noch beschwingter zog Franz weiter. Und er kam an ein Flüsschen, das sich in einem wohltuenden Schatten ganz natürlich staute. Trunken von Gott, sagte ihm der Heilige: „Flüsschen, mein Bruder, erzähl mir von Gott!" Und das Wasser begann zu sprudeln, wie wenn es wirklich reden wollte. Dann aber beruhigte es sich und bildete vermöge seiner Klarheit sogar eine Art Spiegel. Franz schaute aufmerksam in seine Tiefe. Und da ganz unten sah er das klare Gesicht seiner geliebten Klara, Vertrauensperson, Freundin

---

12 *Canindé:* Landkreis und Stadt im nordostbrasilianischen Staat Ceará. Seit 1775 Wallfahrtsort zu Ehren des „Heiligen Franziskus von den Wundmalen". Canindé ist tief verwurzelt in der Volksfrömmigkeit der nordost-brasilianischen Bevölkerung und zieht alljährlich Hunderttausende von Menschen an.

13 *Mandacaru:* Riesiger, baumhoher Kaktus in den Dürregebieten Nordostbrasiliens. Sein Stamm, der Holz liefert, verzweigt sich in vier bis fünf Winkeln. Seine Früchte sind dornbestandene Beeren. Der Mandacaru hat enorme weiße Blüten, die sich nachts öffnen. In Notzeiten wird er als Viehfutter verwendet. Als charakteristisches Gewächs für die Dürregebiete Nordostbrasiliens gilt er als Sinnbild für den Überlebenswillen der dortigen Menschen.

und Liebe seines Lebens. Und noch strahlender und noch beschwingter ging es weiter.

Kurz darauf sah er auf einem Draht einen Schwarm Vögel sitzen. „Vögel, erzählt mir von Gott!“ Und die Vögel begannen zu piepen und zu zwitschern und sangen eine Melodie, wie sie noch niemand in der Gegend gehört hatte. Aber mit einem Mal verstummten sie und flogen in die Höhe. Sie bildeten eine Figur wie ein Kreuz und schwangen sich wie ein Pfeil in den Himmel. Trällernd und überschäumend vor Freude ging Franz weiter.

Schließlich stieß der Gottesmann auf einen Wanderprediger mit seinem tragbaren Altärchen. Den Rucksack hatte er noch auf dem Rücken, wie wenn er gerade von einer weiten Reise angekommen wäre. Und wieder sprach Franz die Einladung aus: „Mein lieber Bruder, erzähl mir von Gott!“ Doch der Bruder sagte nichts.

Nach einiger Zeit nahm er unseren Heiligen bei der Hand und führte ihn liebevoll in die Stadt. Doch sie gingen durch die Stadtmitte hindurch, bis sie sich in den Randgebieten wiederfanden, dort, wo die Armen leben.

Der Wanderprediger führte Franz auf den kleinen Platz in der Mitte des Viertels, dorthin, wo die Leute Wasser holen, die Frauen Wäsche waschen, die Kinder spielen, die Alten sich unterhalten und die Armen um Almosen bitten. Sie setzten sich zu der ersten Gruppe, die sie trafen. Der wandernde Fromme setzte sein Altärchen neben sich auf den Boden, öffnete den Rucksack und begann, das Brot, das er dabei hatte, hochherzig zu verteilen. Nach und nach kamen immer mehr Leute. Alle bekamen ein Stück Brot und gingen dann wieder. Wie unter Brüdern und Schwestern teilten die Beschenkten das Brot mit denen, die weiter weg standen. Die Hand des Wanderpredigers stand gar nicht mehr still, von all dem Austeilen. Und das Brot ging gar nicht zu Ende. Großartig, so etwas! In demselben Maße, in dem die einen das Brot, das sie geschenkt bekommen hatten, mit den anderen teilten, vermehrte es sich auf wunderbare Weise im Rucksack des Frommen. Es reichte für alle, die kamen.

Dann schaute der wandernde Fromme betont ernst nur zum Himmel und sagte: „Vater unser“. Aber er schaute auch in die Runde, beschrieb mit der offenen Hand einen Kreis und sagte bloß: „Unser tägliches Brot". Mehr zu beten war gar nicht nötig.

Franz begriff sofort. Er konnte sich vor Freude kaum noch halten. Bei dem Wanderprediger hatte er gelernt, dass Gott sich im Teilen und nochmaligen Teilen des Brotes befindet.

Jetzt, ja jetzt können wir beten: „Unser tägliches Brot". Nur wenn wir das Brot wie auch alles, was es bedeutet und beinhaltet, teilen, hat es Sinn, Gott als unseren Vater anzurufen. Was Gott verbunden hat, dürfen wir als Menschen nie trennen: unser Brot und unseren Vater.

Der Rest sind Wörter von Menschen und Religionen. Und nichts als Wörter.

(Leonardo Boff, Am Rand des Himmels. Geschichten von Gott und Welt, Düsseldorf 1997, 95–98; Übers.: Horst Goldstein)

Gott hat keine Mülltonne – Wie Gott ständig die Hölle entvölkert

José Honório kennt jeder im Haus. Ein merkwürdiger Kerl. Eine Mischung aus Rockmusiker und Mönch. Keiner weiß genau, was er macht. Allem Anschein nach macht er Musik und malt. Nur, alle Welt geht davon aus, dass er ein Erzfeind von Anacleto ist. Vor ein paar Jahren, als Zé[14] Honório mal für ein paar Wochen unterwegs war, drang Anacleto in seine Wohnung ein, von außen, über ein Gerüst, das gerade da stand, und machte alles kurz und klein. Alte Händel. Zé Honório schwor Rache. Er wartete nur auf eine passende Gelegenheit, um ihm's heimzuzahlen.

Es war Nacht. Es stürmte. Der Regen ging einem durch Mark und Bein. Der Nebel ließ die Straße kaum noch erkennen. Die Bäume, vom Wind gepeitscht, muteten an wie angsterregende Gespenster. Die Uhr zeigte schon nach Mitternacht. Der letzte Bus war bereits seit Langem vorbei. Wagen? Kein einziger weit und breit. Wer hätte einen da mitnehmen können? Ringsum nur Heulen und Zähneknirschen. Und die Verzweiflung derer, die unter diesen Bedingungen auf der Straße liegengeblieben waren.

Und da, da kommt aus dem Nebel ein Wagen! Aber aus der falschen Richtung, der kommt vom Gebirge herunter. „Verdammt, führe der doch bloß ins Gebirge hinauf!" seufzen und fluchen die Liegengebliebenen. Der Wagen spritzt vorbei, hält ein wenig weiter, kehrt um und kommt zurück. Unter dem Busunterstand erkennt der Fahrer offenbar nur ein paar dicht zusammengerückte Bündel. Zitternd. Verzweifelt. Ein Kind schläft teilnahmslos auf dem kalten Zementtisch. Der Fahrer in dem Wagen ist ... Zé Honório. Alle sollen nur einsteigen! Unter ihnen sein Erzfeind Anacleto. Zé Honório zögert eine Sekunde. Ja, auch Anacleto ist eingeladen einzusteigen! Für einen Augenblick hat Zé Honório vergessen, wer

---

14 *Zé* = umgangssprachliche Form für José.

damals seine Wohnung demoliert hat. Das menschliche Mitgefühl hat obsiegt.

Alle steigen ein. Das Drumherum hat nicht einmal das Kind, das entspannt im durchnässten Arm der Mutter liegt, aus dem Schlaf aufgeweckt. Niemand sagt ein Wort. Das Glück war einfach zu groß.

José Honório hatte schon geschlafen, als das Unwetter ausbrach. Indem er sich im Bett hin und her gewälzt hatte, war ihm der Gedanke an eventuelle Leute auf der Straße gekommen. Er hatte ein-, zwei-, dreimal gedacht. Und er hatte sich vorgestellt: „Wenn du jetzt in dem Sauwetter stündest!" Die Angst hatte ihn gepackt und ihn sich die Umstände ausmalen lassen. „Wenn da jemand mal Pech gehabt hat und den letzten Bus verpasst hat und ihn niemand mitnimmt ... und wenn da jemand krank sein sollte und Kinder dabei sind ... und wenn der Wind heult und der Himmel birst und der Regen bis auf die Knochen geht und der Nebel sämtlichen Gespenstern freien Lauf lässt und die Bäume sich nur so biegen, was dann ...?" Die Fragen hatten ihn nicht in Ruhe gelassen. Angst hatte ihn überfallen. Doch die Angst hatte ihn nachdenken lassen: Konnte er da was tun? ... Kurz entschlossen hatte er sich ins Auto gesetzt und war auf die Suche nach Menschen, die in der Nacht eventuell gestrandet waren, gefahren.

Alle kamen heil zu Hause an. Müde, aber erleichtert. Eine Nacht war hell geworden. Die Menschlichkeit hatte sich als stärker erwiesen als der Sturm, aufgeweckter als der Himmel, hartnäckiger als der Regen, furchtloser als der Nebel. Vermöge der Barmherzigkeit eines José Honório mit all den Liegengebliebenen, insbesondere aber mit Anacleto.

Mit seiner Haltung beflügelte mich José Honório zu weitreichenden Gedanken, und tagelang bot er mir Stoff für meine übliche morgendliche Meditation:

Ich bin davon überzeugt, dass die Barmherzigkeit, wie Zé Honório sie ins Werk gesetzt hat, nicht nur die menschlichste, sondern auch die göttlichste aller Tugenden ist. Sie offenbart am besten das Wesen des Gottes, der Vater und Mutter voll unendlicher Güte ist. Und umso mehr noch offenbart sie auch die leuchtendste Seite der menschlichen Natur. Aus diesem Grund ist sie es auch, die die Beziehungen unter den Menschen am nachhaltigsten humanisiert.

Dass Gott gut, unendlich, liebevoll, allwissend, vorhersehend, gerecht, weise und vieles mehr ist, versteht sich von selbst. Wenn Gott nicht alles dies, und zwar in unendlichen Proportionen, ist, an was denken wir denn sonst, wenn wir das Wort Gott aussprechen? Wir wären alle miteinander Götzendiener, weil wir verehrten, was sich von uns in nichts unterscheidet oder gar geringer ist als wir.

Aber warum offenbart gerade die Barmherzigkeit das innere Wesen Gottes?, meditierte ich. Hin und her überlegend, kam ich zu dem Schluss: weil Barmherzigkeit eine andere Form von Liebe ist. Liebe ist im christlichen Sprachgebrauch der eigentliche Name für Gott.

Barmherzigkeit ist nichts anderes als Liebe, allerdings erlittene und schmerzende Liebe.

Denn wenn Liebe nicht mit Liebe beantwortet wird, wenn ein Angebot nur auf Ablehnung stößt, wenn die ausgestreckte Hand nicht angenommen wird, wenn sich ein Herz dem anderen verschließt und wenn, dem allen zum Trotz, der Mensch von seiner Liebe nicht ablässt, das Angebot aufrecht erhält, die Hand nicht zurücknimmt und weiter Wert darauf legt, dass sein Herz offen und zur Vergebung bereit ist, dann hat das mit Barmherzigkeit zu tun. Dann befinden wir uns rundum im Kraftfeld der Barmherzigkeit. Aber das alles tut weh. Deshalb sagten wir ja auch, Barmherzigkeit sei erlittene, schmerzgeprüfte Liebe. Aber Liebe sei sie.

Wenn barmherzige Liebe möglich ist unter Menschen, wie zwischen José Honório und Anacleto, warum sollte sie dann nicht auch möglich und wirkliche Wirklichkeit sein bei Gott?

Nur einen Unterschied dürfen wir nicht vergessen: Wir lieben und hassen, wir vergeben und sinnen auf Rache. Aber Gott ist anders. Gott liebt nur. Ja, er kann nicht einmal anders. Liebe ist sein

Sein. Wie Licht, das nur strahlen kann. Gott ist pure und vollkommene Liebe. In Gott gibt es weder Hass noch Rache. Und wenn er keine Liebe findet, liebt er dennoch weiter und leidet. Die fehlende Gegenseitigkeit in der Liebe macht er wett durch Vergebung. Gott vergibt und zeigt sich barmherzig gegenüber dem, der ihm die Liebe verweigert. Daran leidet Gott. Doch es ist ein Leiden voller Liebe. Und Leid aus Liebe ist, wie alle leidenschaftlich Liebenden wissen, die Hölle.

Auch Gott hat seine Hölle. Ist es denn keine Hölle, weiter jemanden zu lieben, der nichts spüren will und die Liebe nicht beantwortet? Und deshalb zu leiden und zu vergeben, ohne rebellisch zu werden, Strafen auszuteilen und alle Menschen für Heuchler zu halten? Von Barmherzigkeit eingefärbte Liebe ist Gottes Hölle. Gott ist zu dieser höllischen Liebe verdammt, weil so seine Natur ist. Im Hebräischen ist der Sachverhalt noch ausdrucksstärker; denn Erbarmen heißt dort rachamim, und rachamim leitet sich ab von *rechem, was Mutterleib bedeutet. Demnach hieße Barmherzigkeit: die Eingeweide einer Mutter haben. So oder so, es geht darum, dass wir uns von der misslichen Lage der anderen bewegen, innerlich berühren und so zu der Einstellung führen lassen, ihnen gegenüber Hochherzigkeit, Milde und Wohlwollen an den Tag zu legen.*

Gott hat nicht nur ein liebendes Herz. Allein das ist schon außerordentlich. Nein, Gott hat auch liebende Eingeweide. Das ist überwältigend. Gott ist mit Haut und Haar gut. So gut, dass er es in seiner Hochherzigkeit auch mit den Bösen hat. Selbst gegen die Undankbaren und Bösen ist er gütig (Lukas 6,35), so betont Jesus. Folglich liebt er den verlorenen Sohn, der verschämt nach Hause zurückkommt. Er vergibt ihm seine ganze Geschichte der Entzweiung. Er zeigt sich barmherzig und hochherzig und macht ihm eine große Fete, wie manche heute sagen würden. Der Einzige, der bei dem Ganzen schlecht wegkommt, ist der wohlerzogene Sohn, der zu Hause geblieben ist. Er war eben nur gut. Aber was ihm gegenüber dem Bruder auf Abwegen fehlte, das war Barmherzigkeit.

Mit gut sein allein ist es nicht getan. Barmherzig müssen wir sein. Nur so sind wir radikal gut, und die Güte ist hundertprozentig.

Von Barmherzigkeit gespeiste Liebe ist so mächtig, wenn nicht allmächtig, dass ihr nichts zu widerstehen vermag. Nicht einmal die Hölle. Und in der Tat: Barmherzige Liebe ist das Mittel, mit dem Gott unentwegt die Hölle entvölkert.

Wie dem auch sei, vielen war in der Nacht des schrecklichen Unwetters, in der Zé Honório gegen Anacleto Erbarmen hatte walten lassen, etwas Merkwürdiges aufgefallen. Als sie aufstanden, um schlaftrunken die Fenster zu schließen, und dabei den an die beschlagenen Scheiben klatschenden Regen beobachteten, sahen sie nämlich einen sonderbaren hellen Schein, der den Berg hinauffuhr. Aber es waren keine Lichter von Autos. Es war wie der Ball einer leuchtenden Wolke, die sich bewegte und schemenhaft die Landschaft anstrahlte, und diese verklärte sich in allen Farben des Regenbogens, in Blau und in Rot, in Gelb und in ein mildes Weiß.

Alle unterhielten sich über das Phänomen, aber keiner wusste es zu erklären. Als Salomo den Tempel in Jerusalem einweihte, war da auch eine merkwürdige Wolke, kommentierte ein bibelfester Protestant, der im selben Haus wohnte. Und, fügte er hinzu, eine Wolke hat auch Jesus und seine Jünger eingehüllt, als er auf dem Berg Tabor verklärt wurde. Mehr noch, eine Wolke, eine strahlende Wolke verbarg Jesus vor den Augen der Jünger, als er in den Himmel auffuhr. Die Hinweise gab er mit einem gewissen Stolz von sich, wohl mehr, um zu zeigen, wie bewandert er in der Bibel war, als die Erscheinung, die da alle mitbekommen hatten, zu erklären.

Keiner von den Mitbewohnern konnte sich das Phänomen erklären. Wir aber wagen eine Vermutung. Möglicherweise war es das Licht der menschlichen und göttlichen Barmherzigkeit, die da jemand in der besagten Nacht, in der seligen Nacht des Unwetters in die Tat umgesetzt hatte. Ein untrügliches Zeichen der unaussprechlichen Gegenwart des Geheimnisses in der Welt. Wenn es das war, dann haben wir es José Honório und seiner Barmherzigkeit zu verdanken. Der *anima,* der weiblichen Dimension im *animus,* in Geist und Haltung dieser Mischung aus Rockmusiker und Mönch, die aber für einen Moment zum Sakrament wurde, an dem göttliches und menschliches Erbarmen ablesbar werden.

Als ich meine morgendliche Meditation beendete, hatte ich den Eindruck, als wäre ich der beste Hörer meiner selbst. Zufrieden und glücklich über die verheißungsvolle Zukunft, die da auf uns wartet: über das Erbarmen Gottes mit den Verdammten und seinen betörenden Sieg über allen Hass und alle Rache. Das Vergeben löst alle Knoten und lässt die Geschichte sich doch immer wieder aufschwingen. Auch wenn wir zuvor durch die reinigende Klinik Gottes, das heißt: durch die vorübergehende Hölle müssen, brauchen wir uns unsere Heiterkeit nicht nehmen zu lassen. Aufgrund der Barmherzigkeit, die am Ende doch obsiegen wird. Zur Ehre Gottes und zum Glück seiner verdammten und schließlich doch noch erlösten Kinder.

(Leonardo Boff, Am Rand des Himmels. Geschichten von Gott und Welt, Düsseldorf 1997, 51–54. 61–64. 83–84; Übers.: Horst Goldstein)

Gastfreundschaft[15]

Eines Tages beschlossen Jupiter, der Vater und Schöpfer von Himmel und Erde, und sein Sohn Hermes, der Ursprung aller Kommunikation (von ihm kommt das Wort „Hermeneutik"), sich als arme Leute zu verkleiden. Sie wollten in diesem Aufzug ins Reich der Sterblichen gehen, um zu sehen, wie es mit der Schöpfung bestellt sei, die sie in Gang gesetzt hatten. Jupiter legte all seine Herrlichkeit ab, und Hermes entledigte sich seiner beiden Flügel (seines wichtigsten Symbols) und all seines übrigen Schmucks. Sie sahen tatsächlich wie arme Wanderer aus.

Sie durchstreiften weite Landstriche und trafen viele Leute. Die einen oder anderen baten sie um Hilfe. Niemand streckte ihnen die Hand entgegen. Sie wurden schlecht behandelt und bekamen Beleidigungen zu hören. Des Öfteren wurden sie mit Gewalt von der Schwelle gewiesen. Viele sahen sie nicht einmal an. Was sie am meisten schmerzte: nicht einmal angeschaut zu werden, als wären sie räudige Hunde aus verlassenen Häusern. Deshalb litten sie Hunger und ertrugen allerlei Entbehrungen.

Nachdem sie schon viel gewandert waren und sich von allen verlassen fühlten, ersehnten sie nichts so sehr wie frisches Wasser zum Trinken, eine warme Mahlzeit, ein lauwarmes Bad für die Füße und ein Bett zum Ausruhen. Sie träumten von einem Mindestmaß an Gastfreundschaft!

Eines Tages kamen sie nach Phrygien, eine der entlegensten und ärmsten Provinzen des Römischen Reiches, wohin man Aufrührer und Verbrecher verbannte. Dort lebte ein sehr armes Ehepaar. Er hieß Philemon, was auf Griechisch so viel bedeutet wie „Freund und liebenswert", und sie hieß Baukis, das heißt „empfindsam und zärtlich".

Auf einer kleinen Anhöhe hatten sie ihre Hütte erbaut, in ländlichem Stil, aber dennoch sehr sauber. Hier hatten ihre Herzen,

15 Die alte Geschichte von Philemon und Baukis hat Leonardo Boff in seinem Buch „Tugenden" auf seine, sehr anschauliche Weise neu erzählt.

als sie noch jung waren, zueinandergefunden. Die innige Liebe machte das Leid leicht. Sie lebten in großem Frieden und in Harmonie, denn sie machten alles gemeinsam, und stets halfen sie einander. Derjenige, der befahl, war gleichzeitig der, der gehorchte. Sie waren schon in die Jahre gekommen und müde von der Arbeit und der Last des Tages.

Jupiter und Hermes, als arme Sterbliche verkleidet, kamen also zu dieser Hütte. Sie klopften an die Tür. Der gute alte Philemon erschien – zu ihrer Überraschung – lachend an der Tür, und ohne lange nachzufragen sagte er: „Ihr Fremden müsst sehr müde und hungrig sein. Kommt herein in unser Haus. Es ist armselig, aber es ist alles da, um euch aufzunehmen."

Die Unsterblichen mussten sich bücken, um einzutreten. Drinnen spürten sie die wohltuende Ausstrahlung der herzlichen Aufnahme und der Gastfreundschaft. Baukis, die „empfindsame und zärtliche", beeilte sich, ihnen zwei Stühle anzubieten, das heißt vielmehr zwei Hocker aus rustikalem Holz. Und sie holte frisches Wasser von der Quelle hinter der Hütte.

Philemon seinerseits schickte sich an, das fast erloschene Feuer für die Nacht wieder zu entfachen. Er blies in die Asche. Er nahm dünne Zweige und größere Holzscheite, schichtete sie über der Glut auf und setzte den Topf mit Wasser auf, um ihn zu erwärmen. Binnen kurzer Zeit schon war das Wasser lauwarm.

Baukis legte ihre geflickte Schürze an und begann, Jupiter und Hermes die Füße zu waschen, indem sie lauwarmes Wasser über ihre Beine bis fast zum Knie hoch goss, damit sie sich wirklich erholen konnten.

Philemon ging in den Garten hinter der Hütte und sammelte einige Blätter und Gemüse ein, während Baukis ins Obergeschoss ging, wo auf einer Stange das letzte Stück Speck hing, das noch übrig war. Sie dachte sogar daran, die einzige Gans, die sie besaßen, zu opfern – die Gans, die auch die Hütte bewachte. Doch die Unsterblichen hinderten sie mit Entschlossenheit daran. Ihre Augen füllten sich indessen mit Tränen der Rührung.

In einem recht alten irdenen Topf kochten sie das Gemüse mit dem Speck. Ein guter Duft von Hausmannskost breitete sich in der Hütte aus und ließ Jupiter und Hermes, die großen Hunger hatten, das Wasser im Mund zusammenlaufen.

Baukis nahm von dem trüben und fetten Öl, das sie selbst herstellten, und träufelte es auf die Suppe. Große Fettaugen bildeten sich an der Oberfläche. Nachdem sie den Topf von der Feuerstelle genommen hatte, nahm sie einige Eier und legte sie auf die heiße Asche. Philemon erinnerte sich an den Wein, den er in einer dunklen und verstaubten Flasche in einem Winkel des Hauses als Medizin aufbewahrte. Es waren auch noch einige Stücke Brot vom Vortag übrig. Sie wärmten sie am Feuer auf.

Die Gastfreundschaft und die Atmosphäre des Wohlwollens, die von den beiden Alten ausging, ließ die Wartezeit vergessen. Und plötzlich stand alles auf sauberen Tellern auf dem Tisch.

„Liebe Gäste, lasst uns essen, denn nach all den Mühen habt ihr es verdient. Entschuldigt die schlichte und armselige Kost."

Und obwohl Philemon und Baukis schon gegessen hatten, setzten auch sie sich an den Tisch, um mit ihnen Mahl zu halten und sie nicht zu beschämen. Alle aßen sich satt bei einem anregenden Gespräch voller gegenseitiger Hochachtung.

Dann erhoben sich Philemon und Baukis und holten Nüsse, trockene Feigen und Datteln aus einer Truhe hervor, wo sie die Teller und Kerzen aufbewahrten, und servierten sie als Nachtisch.

Schließlich boten die beiden alten Leute den Gästen ihr eigenes Bett an, das einzige, das es in der Hütte gab. Zusammen machten sie sich daran, es vorzubereiten. Sie bezogen es mit frischen, wenn auch sichtlich abgenutzten Laken. Über das Bett breiteten sie eine besondere Decke, einen alten Teppich, den sie für die Feste aufbewahrten. Jupiter und Hermes konnten ihre Rührung nicht verbergen. Tränen stiegen in ihre Augen.

Jupiter und Hermes wollten sich zur Ruhe begeben und gingen auf das Bett zu. Da plötzlich brach ein schweres, überraschendes Gewitter los. Blitze erleuchteten die Hütte, und Donner rollte durch das Tal draußen. Mit einem Mal stieg das Wasser an und bedrohte Mensch und Tier.

Philemon und Baukis entschuldigten sich bei den Unsterblichen und erhoben sich schnell, um den Nachbarn zu Hilfe zu eilen.

Und genau da vollzog sich nun die große Verwandlung. Das Gewitter war auf einmal vorbei. Und in einem Augenblick wurde die Hütte in einen leuchtenden Tempel aus Marmor verwandelt. Säulen in ionischem Baustil schmückten den Eingang. Das Dach aus Gold glänzte in der Sonne, die gerade erst die Wolkendecke durchbrochen hatte. Schließlich offenbarten Jupiter und Hermes, wer sie waren, und zeigten sich als Götter im vollen Glanz ihrer Herrlichkeit.

Philemon und Baukis erstarrten; sie waren voller Freude und zugleich von ehrfurchtsvollem Schauder erfüllt. Sie warfen sich auf die Knie und neigten das Haupt bis zum Boden zum Zeichen der Anbetung.

Jupiter, der Herr des Himmels und der Erde, der Sonne und der Winde, sagte, nachdem er das Gewitter besänftigt hatte, voller Güte:

„Freund und Liebenswerter, Philemon, und du, seine Frau, Empfindsame und Zärtliche, Baukis, sprecht eine Bitte aus, die ich, Jupiter, euch zum Dank gewähren kann."

Baukis neigte sich zu Philemon und legte ihr ergrautes Haupt an seine Brust. Und als ob sie es vorher abgesprochen hätten, sagten sie gleichzeitig:

„Unser Wunsch ist es, euch in diesem Tempel für den Rest unserer Tage zu dienen."

Und Hermes fügte hinzu: „Auch ich will, dass ihr eine Bitte äußert, dass ich, Hermes, sie euch erfüllen kann."

Und wieder flüsterten sie gemeinsam, als hätten sie es zuvor abgesprochen:

„Nachdem wir so lange in Liebe und so großer Eintracht verbunden waren, möchten wir gerne zusammen sterben. Auf diese Weise muss sich der eine nicht um das Grab des anderen kümmern."

Ihre Wünsche wurden gehört, und sie erhielten das Versprechen, dass sie erfüllt würden.

Tatsächlich dienten Philemon und Baukis, das gastfreundliche Ehepaar, viele Jahre lang im Tempel, solange sie am Leben waren.

Eines Tages saßen sie am frühen Abend im Hof, dachten an die Geschichte jenes Ortes und daran, wie sie, ohne es zu wissen, die Götter in ihrer Hütte als Gäste beherbergt hatten. In diesem Augenblick sah Philemon, wie sich der Leib von Baukis mit Zweigen und Blüten schmückte, vom Kopf bis zu den Füßen. Und auch Baukis sah, dass der Leib Philemons ganz und gar von grünen Blättern bedeckt wurde. Sie konnten kaum zusammen den letzten Abschiedsgruß hervorstammeln, denn die große Verwandlung wurde vollendet. Philemon wurde in eine riesige Eiche verwandelt, und Baukis in eine Linde mit dichtem Blätterschmuck. Ihre Kronen und Zweige umschlangen sich in der Höhe. Und in dieser Umarmung blieben sie für immer vereint.

(Leonardo Boff, Tugenden für eine bessere Welt, Kevelaer 2009, 60–64; Übers.: Bruno Kern).

Tischgemeinschaft

Ein Schüler fragte den Seher: „Meister, worin besteht der Unterschied zwischen dem Himmel, der Tischgemeinschaft der Söhne und Töchter Gottes, und seinem Gegenteil?"

Der Seher antwortete: „Der Unterschied ist sehr klein, aber er hat schwerwiegende Konsequenzen." Und er fuhr fort:

„Ich sah Leute um einen Tisch versammelt, auf dem es eine sehr große Menge Reis gab. Alle hatten Hunger, sie starben fast vor Hunger. Alle versuchten, an den Reis zu kommen, doch sie schafften es nicht. Mit ihren Stäbchen, die mehr als einen Meter lang waren, versuchte jeder für sich, den Reis zu seinem Mund zu führen. Doch so sehr sie sich auch anstrengten, es gelang ihnen nicht, denn die Stäbchen waren zu lang. Und so blieben sie hungrig, einsam und ausgezehrt. Sie hatten einen Hunger, der nicht gestillt werden konnte und kein Ende fand. Das war die Hölle, die Negation jeder Art von Tischgemeinschaft."

„Ich sah eine andere, wunderbare Szene", sagte der Seher weiter. „Menschen saßen um einen Tisch herum, auf dem eine Menge dampfender Reis stand. Alle waren hungrig. Doch welch ein Wunder! Jeder von ihnen nahm den Reis auf und führte ihn zum Mund des anderen. Sie reichten sich gegenseitig an, in großer Herzlichkeit. Gemeinsam und solidarisch. Alle machten sie einander satt. Sie fühlten sich wie Brüder und Schwestern am großen Tisch des Tao. Und dies war der Himmel, die vollkommene Tischgemeinschaft der Söhne und Töchter der Erde."

(Leonardo Boff, Tugenden für eine bessere Welt, Kevelaer 2009, 252; Übers.: Bruno Kern)

Das Herz des Palästinensers

Mazen Julani war ein palästinensischer Pharmazeut. Er war 32 Jahre alt, hatte drei Kinder und lebte im arabischen Teil Jerusalems. Am 5. Juni 2001 trank er mit Freunden in einer Bar Kaffee. Dabei fiel er der Gewehrkugel eines jüdischen Siedlers zum Opfer. Es handelte sich um einen Racheakt gegen die Hamas, die 45 Minuten zuvor in einer Diskothek in Tel Aviv zahlreiche Menschen durch ein Selbstmordattentat getötet hatte. Das Projektil drang durch den Nacken ein und brachte sein Gehirn zum Platzen. Er wurde sofort ins Krankenhaus gebracht, wo er aber bereits tot eintraf. Die Verwandtschaft beschloss noch auf den Gängen des Krankenhauses, dass die Organe des Toten (Herz, Leber, Nieren und Bauchspeicheldrüse) für kranke Juden gespendet werden sollten. Das Oberhaupt des Familienclans erklärte im Namen aller Verwandten, dass sich mit dieser Geste keinerlei politische Absichten verbänden. Es sei eine Geste purer Menschlichkeit.

Nach Auffassung des Islam, so erläuterte er, bilden wir alle eine einzige Menschheitsfamilie, und wir sind alle gleich, sowohl Israelis als auch Palästinenser. Worauf es ankommt, ist, dazu beizutragen, dass Menschenleben gerettet werden können. Deshalb, sagte er, könnten die Organe für unsere israelischen Nachbarn von gutem Nutzen sein.

Tatsächlich schlägt nun in der Brust des Israelis Yigal Cohen ein palästinensisches Herz.

Mazen Julanis Frau tat sich schwer, ihrer vierjährigen Tochter den Tod des Vaters zu erklären. Sie sagte ihr nur, dass der Vater eine lange Reise unternehme und ihr bei seiner Rückkehr etwas Schönes als Geschenk mitbringen würde. Den Umstehenden sagte sie im Flüsterton und mit Tränen in den Augen: „Nach einiger Zeit werde ich zusammen mit meinen Kindern Yigal Cohen im israelischen Teil Jerusalems besuchen. Er lebt nun mit dem Herzen meines Mannes und des Vaters meiner Kinder. Es wird für uns ein großer Trost sein, das Herz dessen zu hören, der uns so geliebt hat, und das in gewisser Weise noch immer für uns schlägt."

(Leonardo Boff, Tugenden für eine bessere Welt, Kevelaer 2009, 300–301; nach einen Bericht der spanischen Tageszeitung El País vom 7. Juni 2001: Übers.: Bruno Kern)

Geburtshelfer des Lebens

Es gab missionarische Gestalten, die sich gegenüber den unterschiedlichen Kulturen als sensibel zeigten. Sie gingen andere Wege der Missionierung, die bis heute Bedeutung haben, denn sie stellen ein anderes, machtfernes Paradigma dar. So leuchtete im 13. Jahrhundert die Gestalt des Franziskus von Assisi im Zusammenhang mit den Muslimen auf; im 16. Jahrhundert ist Bartolomé de Las Casas im Hinblick auf die Indios der mittelamerikanischen Kulturen zu nennen. Sie näherten sich den hinsichtlich Ethnie, Sprache und Religion Anderen in der Weise eines friedlichen, geschwisterlichen und von Liebe erfüllten Zusammenlebens. Sie versuchten, das Evangelium ohne einen dahinterstehenden Machtapparat zu verkünden. Ihre Methode war nur Liebe, der Dialog, die Begegnung, das Sich-Einlassen auf die Lebensweise der Anderen und das eigene Lebensbeispiel.

In jüngerer Zeit wurde diese Methode durch Bruder Charles de Foucauld (1858–1916) mit neuem Leben erfüllt. Er war ein französischer Priester von einer tiefen Frömmigkeit, der zu Beginn des 20. Jahrhunderts zu den Muslimen in die algerische Wüste ging, um mit ihnen zusammenzuleben. Ihm ging es nicht darum, das Evangelium ausdrücklich zu verkünden, sondern einfach das Leben dieser Muslime zu teilen und sie im Geiste Jesu, der in allen die mit der Gnade Gottes beschenkten Geschwister erkennt, in ihrer unterschiedlichen Kultur und Religion anzunehmen. Dieses Experiment fand sein jähes Ende, als der Kleine Bruder Charles im Zuge von internen Auseinandersetzungen unter den Muslimen ermordet wurde. Was bleibt, sind seine Inspiration und sein Beispiel.

Diese Geisteshaltung eigneten sich die Kleinen Schwestern Jesu in der Nachfolge des Charles de Foucauld beispielhaft an. Ihr Algerien war der Nordosten des brasilianischen Bundesstaates Mato Grosso, eine Region am Fluss Araguaia, wo die Indios des Volkes der Tapirapé ihrem Untergang entgegensteuerten.

Im Oktober 1952 erfuhren die Kleinen Schwestern von den französischen Dominikanern, die in dieser Region missionierten, dass die Tapirapé vom Aussterben bedroht seien. Von 1500 Menschen waren sie auf nur noch 47 dezimiert worden. Die Gründe dafür waren Kriegszüge ihrer traditionellen Feinde, der Caiapó, von den Weißen eingeschleppte Krankheiten und der Mangel an Frauen. Im Geist des Bruders Charles, in die Mission zu gehen, um mit den anderen zusammenzuleben, anstatt sie zu überreden, beschlossen die Kleinen Schwestern, die Situation der Agonie mit diesem Volk zu teilen.

Bei ihrer Ankunft bekam die Kleine Schwester Genoveva, eine der Ersten, die noch heue unter den Tapirapé lebt, vom Kaziken Marcos zu hören: „Die Tapirapé werden vom Erdboden verschwinden. Die Weißen werden uns vernichten. Was zählt, ist das Land, die Jagd, der Fischfang. Nur der Indio zählt nichts." Sie hatten bereits verinnerlicht, dass sie nichts wert wären und dass sie unweigerlich dazu verdammt wären, zugrunde zu gehen. Und sie hatten sich mit ihrem tragischen Ende abgefunden.

Angesichts dieser unmittelbar bevorstehenden Tragödie beschlossen die Kleinen Schwestern, demütig um Gastfreundschaft zu bitten, um einfach mit diesen Menschen zu leben und vielleicht sogar dieses Schicksal abzuwenden. Sie wurden ohne Zögern aufgenommen. Anfangs lebten die Kleinen Schwestern nicht mitten im Dorf, sondern in einer Hütte in der Nähe, wo sie in einem kleinen Eck ihre kleine Hauskapelle errichteten. Sie begannen damit, das Evangelium der Geschwisterlichkeit mitten unter den Indios zu leben: bei der Feldarbeit, im Kampf um das tägliche Maniok, beim Erlernen der Sprache und im eifrigen Bemühen um die Aneignung der Kultur, der Bräuche und damit auch der Religion der Tapirapé. Dies war ein Weg der Solidarität, von dem es kein Zurück gab.

Mit der Zeit erwarben sie sich das Vertrauen der Tapirapé und wurden als Stammesmitglieder aufgenommen. Obwohl sie anders waren, wurden sie ihnen gleich, freiwillig und aus Überzeugung. Und so werden sie bis heute behandelt.

Langsam kehrte die Selbstachtung der Tapirapé zurück. Dank der Vermittlung der Kleinen Schwestern gelang es, dass Tapirapé-

Männer Frauen vom Stamm der Karajá heirateten und so das Wachstum des Volkes sicherstellten. Von 47 wuchsen sie auf 500 (im Jahr 2005) an.

In fünfzig Jahren haben sie nicht einmal einen einzigen Tapirapé bekehrt. Sie haben aber viel mehr erreicht. Sie waren – erleuchtet von dem, dessen Sendung es war, „Leben und Leben in Fülle zu bringen" (Johannes 10,10) – zu Geburtshelferinnen eines Volkes geworden.

Im Oktober 2002 wurde mir die Ehre zuteil, am 50. Jubiläum ihres Lebens mit den Tapirapé teilzunehmen. Es fand in Santa Terezina am Fluss Araguaia statt. Es war auch Dom Pedro Casaldáliga dort, der Bischof jener Region, der zugleich ein Poet, ein Prophet und der Verteidiger der ausgebeuteten Bauern und Indios ist. Er hatte die Schwestern immer begleitet und ermutigt.

Bei dieser Gelegenheit verglich ich das Gesicht von Schwester Genoveva mit dem einer Tapirapé und stellte fest: Wenn Schwester Genoveva ihr weißes Haar mit Tucum färben würde, dann gliche sie völlig einer Frau aus dem Volk der Tapirapé. Das Zusammenleben hatte ihr physische Ähnlichkeit verliehen, denn sie hatte sich die Seele der Kultur der Tapirapé zu eigen gemacht. Sie hatte die Prophezeiung der Gründerin der Kongregation tatsächlich verwirklicht, die gesagt hatte: „Die Kleinen Schwestern müssen zu Tapirapé werden, um von dieser Position aus auf die Anderen zuzugehen und sie zu lieben; aber sie werden immer Tapirapé bleiben."

(Leonardo Boff, Tugenden für eine bessere Welt, Kevelaer 2009, 156–159; Übers.: Bruno Kern)

Die Kirche: Segen und Ärgernis

Die Kirche gehört zu den großen Themen in Leonardo Boffs Theologie. Es war ein Buch über die Kirche („Kirche: Charisma und Macht"), das ihm eine Verurteilung Roms und die ungewöhnliche Disziplinarmaßnahme eines einjährigen Bußschweigens eingebracht hat. Die römische Kurie bestätigte mit dieser Maßnahme im Grunde eindrücklich das Kritisierte: einen zentralistischen Machtapparat, dessen Maßstab das Interesse an der Erhaltung der eigenen Institution ist und nicht die jesuanische Utopie der Geschwisterlichkeit und des Reiches Gottes. Über den Konflikt mit Rom kann man in seinem autobiografischen Interview („Die Wahrheit ist größer") höchst Aufschlussreiches und auch Amüsantes nachlesen. Für Boff war aber die Kirche nicht einfach Thema der Auseinandersetzung von außen. Er schrieb als einer, der sich mit dieser Kirche, auch mit ihrer sündigen Gestalt, immer identifizierte und deshalb umso stärker an ihrem Versagen gelitten hat.

Christus in der Favela

Die Hölle hätte nicht schlimmer sein können als diese Favela. Der Tod lauerte an allen Ecken. Das Sterben grassierte in jeder Hütte. Kinder verschieden in den Armen ihrer Mütter, verhungert oder von Hungerkrankheiten geschlagen.

Doch wie nicht selten finden sich immer wieder Heilige, die sich in solch eine Hölle wagen. Eine Gruppe junger Menschen, begeistert von Jesu Traum vom Reich Gottes – so unwahrscheinlich so etwas in dieser erbarmungslosen Zeit auch scheinen mag –, war nach Pirambu gezogen. Pirambu, so der Name des Elendsviertels in unmittelbarer Nähe eines der schönsten Strände von Fortaleza.

Das Reich Gottes gehört an erster Stelle den Armen; ausgehend von den Armen wird es dann nach und nach Wirklichkeit für alle. Reich Gottes ist ein anderer Name für die absolute Revolution, für den Entschluss, in allen Konflikten Gerechtigkeit zum Zuge kommen zu lassen, für die Versöhnung mit den eigenen Wurzeln, mit den anderen, die man jetzt als Brüder und Schwestern erfährt, mit der Natur, in der man jetzt die Mutter und Schwester erkennt, mit Gott, der einem jetzt als Vater und Mutter von grenzenloser Zärtlichkeit begegnet, wie auch mit sich selbst, der man sich jetzt wirklich als Sohn bzw. Tochter Gottes weiß.

Aber wir leben in einem Antireich und sind doch stets auf der Suche nach dem Reich. Das Reich Gottes wächst allmählich, im Rhythmus des Kampfes gegen seine Negation in der Geschichte. Aus diesem Grund gibt es Propheten, Verfolgung und Martyrium. Bis Gott unser Mühen barmherzig anschaut, selbst eingreift und sein Reich zur Fülle führt, an dem er wie wir bisher Stück für Stück, mit Ach und Krach geschaffen haben.

Alles waren junge Leute. Hingerissen vom Traum Jesu von Nazaret. Sie wollten den Armen dienen, durch ihr schlichtes Zusammenleben mit den Habenichtsen. Sie lebten wie sie, in den elendsten Hütten. Früh morgens setzten sie sich an den Strand, um zu bewundern, wie die Sonne aus dem Meer aufstieg. Sie sangen und beteten. Alles war heiter und humorvoll. Eine Verbindung von Hölle und Himmel. Kinder der Befreiung und der Erlösung, Söhne und Töchter der Freude waren sie. Dank ihnen ist die Heiterkeit des Christentums noch nicht aus der Welt ausgezogen. Dank diesen jungen Laien, die auf den Traum Jesu setzen, können sich die geschichtlich gewachsenen Kirchen aus ihrer grundsätzlichen Verirrung, dass sie zum Selbstzweck geworden sind, noch retten. In der Regel herrscht in den Kirchen nämlich die Illusion, sie vergegenwärtigten schon heute das Heil, wo sie doch Werkzeuge sind im Dienst am Heil. In der Regel betrachten sich die Kirchen als Ziel und Zweck in sich selbst – und nicht als Mittel, das das göttliche Feuer im Herzen eines jeden einzelnen Menschen entzünden soll. Die Kirchen sollen unterstützen und sichtbar machen, dass sich das Reich Gottes in der Geschichte entfaltet, statt sich an die Stelle des Traumes Jesu zu drängen.

Als ich die jungen Christinnen und Christen in Pirambu besuchte, zeigten sie mir die Schätze der Favela: die Allerärmsten. Wir unterhielten uns mit einer Frau, die weinte. Auf dem Arm trug sie ihr sechs Monate altes Kind, das aber wie ein neugeborenes aussah. Nichts als Armut und Krankheit. Es rang mit dem Tod. Die Mutter schluchzte: „Ich möchte nicht, dass es wie ein Tier stirbt, ohne getauft zu sein."

Also taufte ich das Kind noch im selben Augenblick, auf Tod und Auferstehung Jesu, aber mehr auf den Tod. Die junge Frau, die dabeistand, war die Patin. Die Tränen der Mutter wurden zu Freudentränen: „Jetzt kann der Kleine sterben. Er ist getauft. Ist Kind Gottes. Jetzt erst ist er richtig Mensch."

Warum konnte die Mutter, gerade noch von Schmerz erfüllt, sich so erfreut zeigen? In der Kultur des einfachen Volkes stellt die Taufe einen Übergangsritus dar. Übergangsriten gibt es in allen Kulturen, ausnahmslos. Sie bezeichnen, dass der betreffende Mensch die eine Lebensphase verlässt und in eine andere hineinwächst: Geburt, Heirat, Schul- oder Ausbildungsabschluss, Beerdigung am Ende des Lebens. Wenn wir geboren werden, erblicken wir das Licht der Welt wie alle anderen Lebewesen auch, ob es sich dabei um einen kleinen Hund handelt oder um ein Kätzchen. Wir sind Teil der Natur. Doch der Mensch muss zum Ausdruck bringen, dass er mehr ist als ein natürliches Wesen. Immerhin ist er ein Mensch. Und trägt Züge der Gottheit. Und gerade deshalb ist die Taufe als Übergangsritus so wichtig. Dank der Taufe gehen wir von der natürlichen Welt in die menschliche Welt hinüber. Wir sind bejaht, bekommen einen Namen und werden der Gemeinschaft vorgestellt. Wir existieren für die anderen und sind Kollegen und Gefährten der Mitmenschen auf ihrem Weg.

Für religiöse Menschen ist es nicht damit getan, von der natürlichen in die menschliche und von der individuellen in die soziale Welt hinüberzugehen. Religiöse Menschen wollen darüber hinaus keine Heiden mehr sein, sie wollen Christen werden. Ihnen liegt daran, auch für die christliche Gemeinde, für die Kirche geboren zu werden.

An dieser Stelle nun hat die Taufe als Übergangsritus ihre Bedeutung. Die eigentliche, spezifisch religiöse Funktion der Taufe besteht darin, uns aus der menschlichen in die göttliche Sphäre zu bringen. In der Taufe werden wir Gott als seine Geschöpfe vorgestellt, und Gott nimmt uns als seine Söhne und Töchter an. Und alle, die dabei sind, sollen sich der unschätzbaren Würde bewusst werden: Wirklich, wir sind Kinder Gottes. Gott ist in der Tat unser Vater, mit dem wir immer rechnen können, und unsere Mutter, die in ihrer grenzenlosen Zärtlichkeit uns stets in ihre Arme schließt und alles verzeiht.

Deshalb ist die Taufe für die Kultur des armen Volkes fundamental wichtig. Ohne Taufe kommt niemand aus der Welt der Tiere und der Heiden heraus, wird niemand voll als Mensch geboren, von einer Geburt in den Raum Gottes hinein ganz zu schweigen. Die Taufe erwirkt das alles. So wird verständlich, weshalb sich die Mutter über die Taufe ihres Söhnchens so freuen konnte. Schließlich hatte es doch noch den Übergang geschafft, war Mensch geworden und konnte als Mensch und als Kind Gottes sterben.

Wollte jemand, ob Priester, ob Pastor, solch einem Menschen aus irgendwelchen klerikalen Gründen die Taufe versagen, fühlten sich die Angehörigen zutiefst verletzt. Es wäre, als hätte das Kind keine Würde, wäre kein Mensch und besäße keinen göttlichen Wert. Das Ganze käme einer Entwürdigung gleich: Das Kind müsste definitiv in der Welt der Untermenschen bleiben.

Noch am Nachmittag desselben Tages verstarb das Kind. Die Taufe war für es kein Übergangsritus gewesen, sondern der Übergang selbst. Das heißt: Es war in Richtung Gott auferstanden. Voller Leben und Kraft. Alles Werte, die ihm die Welt der Menschen verweigert hatte.

(Leonardo Boff, Am Rand des Himmels. Geschichten von Gott und Welt, Düsseldorf 1997, 25–29; Übers.: Horst Goldstein)

Christus weint um seine Kirche

Ich war eines Tages zum Gemeindezentrum unterwegs, als ich mich – ich weiß nicht, ob im Traum oder im Geiste – in die Vatikangärten versetzt sah. Plötzlich sah ich den Papst. Es war keiner der bekannten Päpste. Er war ganz in Weiß gekleidet und von seinen wichtigsten Beratern – Kardinälen – umgeben. Sie machten ihren üblichen Spaziergang nach dem Essen durch die blühenden Vatikangärten. Plötzlich entdeckte der Papst einige Meter entfernt die Gestalt des Meisters. Dieser erscheint immer verkleidet, sei es als Gärtner oder als Wanderer auf dem Weg nach Emmaus. Der Nachfolger des Petrus entfernte sich fast unbemerkt von der Gruppe der Kardinäle und erkannte bald den Auferstandenen. Er fiel vor ihm auf die Knie und wollte das Glaubensbekenntnis sprechen, durch das seinerzeit aus Simon Petrus wurde, der Fels, auf dem die Kirche erbaut wurde. Als Jesus den Papstpalast und die Umrisse der Gebäude des Heiligen Stuhls sah, sagte er mit trauriger Stimme: „Ich segne dich nicht, Simon, Sohn des Jona und Nachfolger des Petrus, denn all das ist nicht im Geist meines Vaters im Himmel entstanden, sondern es ist aus Fleisch und Blut hervorgegangen. Ich sage dir, dass ich meine Kirche nicht auf diesen Steinen errichtet habe, denn wenn es so gewesen wäre, dann hätte die Hölle sie mit Sicherheit bereits überwunden."

Der Papst war verblüfft und sah dem Herrn ins Gesicht. Er sah, dass dem Herrn zwei Tränen über die Wangen liefen, und dachte an Petrus, der den Herrn zweimal verraten hatte und beim dritten Mal weinen musste. Er wollte etwas sagen, doch die Worte blieben ihm im Halse stecken. Er begann ebenfalls zu weinen. Und da verschwand der Herr wieder.

Die Kardinäle hatten das Wort des Meisters gehört und eilten dem Papst zu Hilfe. Dieser sprach in strengem Ton: „Brüder, der Herr hat mir die Augen geöffnet. Deshalb können die Dinge nicht so bleiben, wie sie sind. Helft mir, den Willen des Herrn zu erfüllen."

Der Kardinalkämmerer, der Älteste von allen, sprach: „Heiligkeit, gehen wir und tun wir etwas in der Nachfolge Jesu und in der Tradition der Apostel. Morgen werden wir das ganze Kardinalskollegium, soweit es in Rom ist, versammeln, den Heiligen Geist herabflehen und entscheiden, wie wir den Worten des Herrn gehorsam vorgehen wollen."

Alle entfernten sich niedergeschlagen, und es kam ihnen jene Szene aus dem Neuen Testament in den Sinn, als Jesus über die heilige Stadt Jerusalem weinte, die ihre Propheten getötet und die Gesandten Gottes gesteinigt hatte und die sich nun weigerte, ihre Söhne und Töchter so unter den Schutz des Menschensohns zu stellen, wie eine Henne ihre Küken unter ihren Flügeln versammelt. Einige sagten indessen: „Brüder, seien wir realistisch und klug, denn wir müssen in dieser Welt leben, die wir mit aufzubauen helfen. Können wir unsere Geschichte verleugnen? Doch warten wir ab, was der Geist uns eingibt."

Am folgenden Tag, als sich die Kardinäle ernst und mit gesenkten Häuptern zum Saal begaben, kam der Sekretär des Papstes gelaufen und teilte ihnen fast schreiend mit: „Der Papst ist gestorben, der Papst ist gestorben!"

Die Begräbnisfeierlichkeiten wurden wie üblich mit allem Pomp begangen: Die Kardinäle kamen aus allen Enden der Erde herbei und waren mit ihren prächtigen und bunten Gewändern bekleidet, wie sie zu Königspalästen passen. Eine Woche später setzten sie den Papst bei. Und niemand erinnerte sich mehr daran, dass Christus geweint hatte, niemand dachte mehr an die ernsten Worte, die er zum Papst, den sie soeben beigesetzt hatten, gesprochen hatte.

Deshalb macht die Kirche so weiter wie bisher: mit Macht und in vollem Widerspruch zum Handeln des Menschensohns, der als Armer unter Armen lebte, weit weg von königlichen Palästen. In den ersten Jahrhunderten nach Christus pflegte man zu sagen: Die Kirche ist eine *casta meretrix*, eine „keusche Hure", oftmals mehr Hure als keusch. Doch ist das der Wille ihres Gründers?

(Leonardo Boff, Zukunft für Mutter Erde. Warum wir als Krone der Schöpfung abdanken müssen, S. 288–290, © Claudius Verlag, München 2012; Übers.: Bruno Kern)

Das verschwundene Buch: Wie Christus nach Brasilien kam

In Lateinamerika nehmen die Menschen seit alters her an, schon in den ursprünglichen Kulturen des Erdteils fänden sich Spuren von christlicher Präsenz. Danach sei der Apostel Thomas, bevor er Ostindien evangelisiert habe, zunächst in Westindien, im Abia Yala[16] der panamesischen Cuna-Ureinwohner bzw. im heutigen afroindiolateinischen Amerika gewesen. Die frühen Missionare deuteten die geschnitzten, gemeißelten oder gemalten Kreuze an Tempelwänden, Pyramiden und selbst an den Sandalen der Götter von Tonalamatl, ob in Anáuhac, Yucatán, Palenque, Cozumel oder auch an verschiedenen Orten in den Anden, als Überreste und kulturelle Fossilien einer ersten Evangelisierung.

Christus und sein Geist seien schon vor den spanischen und portugiesischen Missionaren auf dem Erdteil gewesen. Ja, vor der spirituellen Eroberung dieser Weltgegenden durch europäische Missionare ab dem 16. Jahrhundert habe es bereits eine geistliche Conquista durch einen der Apostel des Herrn, durch den heiligen Thomas, gegeben. So habe es sich bei dem kolonialen Missionswerk im Grunde um eine Re-con-quista, das heißt um eine Rückeroberung und eine Re-christianisierung und nicht einfach um eine Erstevangelisierung gehandelt. Was die Europäer in Spanien gegen die Mauren bewerkstelligt hätten, will sagen: die Re-conquista, trieben sie jetzt in Amerika gegen die Ureinwohner.

In seiner *Chronik der Gesellschaft Jesu im Staate Brasilien* schreibt der Jesuit Simão de Vasconcelos im Jahre 1662, als er am Strand von Itapoã in Bahia einmal auf Riffe gestoßen sei, habe er

16 *Abia Yala:* Mythos der Cuna-Indianer auf den San-Blas-Inseln in Panama. Abia Yala (reife Erde) bezeichnet die Erde und die Gegend, in der sich die gesamte Geschichte des Volkes und aller Generationen zutrug, in ihrem paradiesischen Zustand. Doch Abia Yala wurde in einer Folge von Naturkatastrophen und aufgrund wachsender moralischer Perversion der Menschen zu einer heillos verkehrten Welt.

dort Fußspuren des Apostels Thomas entdeckt. Denn als ihn bei der Gelegenheit die Indianer gesehen hätten, seien sie auf ihn zugelaufen gekommen und hätten in ihrer Sprache, dem Tupí, gerufen: „Pai, Sumé pipuera angâba aé“, was – so Pater Vasconcelos – in der Übersetzung heiße: „Wir haben hier bei uns eine Fußspur des heiligen Thomas.“

Bereits mehr als hundert Jahre vorher hält der Jesuit Manuel da Nóbrega in einem Brief vom 15. April 1549 den Sumé[17] der Ureinwohner für identisch mit dem Thomas der Evangelien. Mehr noch: Der Apostel Thomas habe die Indianer gelehrt, welche Wurzeln essbar seien und wie man daraus Brot machen könne.

Pater Nébrega spricht von Fußspuren, die in Höhlen zu sehen seien und „von denen alle sagen, sie gehörten ihm, dem heiligen Thomas“. In seiner „Information über das Land Brasilien“, aus demselben Jahr, beteuert er, die besagten Fußspuren befänden sich an einem Fluss, und „ich selbst bin dahin gegangen, um sie mir anzusehen und um Gewissheit von der Wahrheit zu erlangen. Dabei habe ich mit eigenen Augen vier Fußspuren gesehn, deutlich markiert mit ihren Zehen.“ Der Apostel habe die Fußspuren hinterlassen, als er vor den Indianern floh, weil diese ihn mit ihren Pfeilen erschießen wollten. Doch die Pfeile hätten sich gegen die Schützen gekehrt, Wald und Gestrüpp hätten sich vor dem Flüchtenden geöffnet, und der Fluss hätte ihm eine Furt bereitet, sodass er trockenen Fußes ans andere Ufer gelangen konnte. Bei der Gelegenheit seien die Fußspuren des Apostels Thomas dort entstanden.

Innerhalb dieses Klimas von Volksglauben und Mystizismus hinterließ ein unbekannter Franziskaner, wahrscheinlich zu Beginn des 18. Jahrhunderts, der Nachwelt ein merkwürdiges Textzeugnis von einer Erscheinung des auferstandenen Christus in der Stadt São Sebastião do Rio de Janeiro.[18]

---

17 Wegen des Gleichklangs im Portugiesischen zwischen „Sumé“ und „Tomé“.

18 So lautet der vollständige Name Rio de Janeiros. Die Bucht, die man zunächst für eine Flussmündung hielt (deshalb „Rio“), wurde im Januar („Janeiro“) am Festtag des heiligen Sebastian entdeckt.

Der Text, klein zusammengefaltet, in teilweise schon verblichener Schrift und im Portugiesisch des 16. Jahrhunderts redigiert, wurde aufgefunden in einem in lateinischer Sprache verfassten Buchband in Folio- und Oktavformat. Der Titel des Bandes lautet: *Opus theologicum tribus distinctum tomis in quibus efficacissime ostenditur Immaculatam Dei Genitricem, utpote praeservative redemptam, fuisse prorsus immunem ab omini debito tum contrahendi originale peccatum, tum ipsius formitem incurrendi – Theologisches Werk in den drei Bänden, in denen absolut wirksam nachgewiesen wird, dass die Unbefleckte Mutter Gottes, da im voraus erlöst, gänzlich davon befreit blieb, sowohl die Schuld der Erbsünde auf sich zu laden als auch der Neigung der Sünde nachzugeben.* In seinem Buch fährt der Verfasser, der verquere spanische Theologe aus dem Orden der reformierten Franziskaner, Fray Rodrigo Troncoso Montecuervo, schwere Geschütze auf gegen die Ansichten des Thomas von Aquin wie die Lehren der Päpste bezüglich der Erbsünde. Vor allem kreuzt er ihnen an, sie behaupteten, Gott sei Mensch geworden wegen der Sünde und um des Heils der Menschen willen. Dies sei wenig theologisch, meint Fray Montecuervo. Denn wer so denke, stelle die Sünde und nicht Gott in den Mittelpunkt des göttlichen Vorhabens. Er gehe davon aus, der Sünde komme ein größeres Gewicht zu als der Gnade, denn die Sünde habe dann ja den Anlass zur Inkarnation geliefert. Das Schlimmste jedoch sei, dass Adam der Sünder zentraler sei als Adam der Erlöser, das heißt Jesus Christus. Denn die Ur-sünde, will sagen: die Erbsünde, sei dann für die Menschen folgenschwerer, und zwar im schlimmen Sinn folgenschwerer gewesen als die Ur-gnade. Dagegen meint Fray Rodrigo Troncoso Montecuervo, Gott sei Mensch geworden, weil er voller Sympathie für seine Schöpfung gewesen sei (Habe er denn nicht gesagt, dass alles gut sei?) und weil solche Leidenschaft für die Menschen in ihm geglüht habe, dass er auch einer von ihnen habe werden wollen. Auf diese Weise gewinne das All deutlich an Schönheit, und Gott divinisiere, das heißt vergöttliche den Menschen, Frau wie Mann. Das sei der Grund für die Menschwerdung Gottes gewesen, und nicht die Sünde.

Das Heilige Officium der Inquisition betrachtete derartige Thesen als übertrieben, ja als häresienah und *pias aures offendentes* (als Beleidigung für fromme Ohren). Das Buch wurde verboten und öffentlich verbrannt. Der wagemutige Franziskaner konnte sich seiner nicht mehr sicher sein und floh nach Holland zu den Protestanten.

Drei Exemplare des Buches entgingen dem Feuer. In Vorahnung der Repression hatte man sie per Schiff in Sicherheit gebracht. Eines war unerkannt beim Verlag der lutherischen Reformatoren in Venedig untergetaucht, das zweite war in Mexiko gelandet, und das dritte hatte den Weg nach Brasilien gefunden.

Da es sich um ein verbotenes Buch handelte, wurde es natürlich nicht in die Bücherei des Klosters vom heiligen Antonius im Zentrum von Rio de Janeiro aufgenommen – bis heute eine wahre Fundgrube für Bücher aus dem 17. und 18. Jahrhundert. Vielmehr verschloss man es in der Bibliothek eines winzigen, unbedeutenden Franziskanerklosters in Rio de Janeiro, in der Sankt-Franziskus-Kirche in Prainha[19], wo es vor möglichen Lesern sicher war. Die Kirche befindet sich heute am Ende der Treppe der „Ladeira[20] da Prainha", auch unter dem Namen „Ladeira do Morro[21] da Conceição" bekannt. Als die Kirche zwischen 1738 und 1740 gebaut wurde, umspülte das Meer noch den Kirchhügel. Wo hätte sich ein Text besser verstecken lassen als in der Verschwiegenheit eines verbotenen Buches? Gemäß den kanonischen Schriften durfte niemand ein von der heiligsten Inquisition ausgesondertes Buch auch nur berühren. Immerhin sah man die Gefahr, sich mittels physischen Kontaktes mit den Häresien zu infizieren. Und ausgerechnet hier bewahrte der unbekannte Franziskaner, raffiniert wie er war, den Bericht von seiner mystischen Vision auf, die der Christusstatue auf dem Corcovada-Felsen ihren Ursprung

19 Prainha: kleiner Strand.

20 *Ladeira:* ansteigende oder abschießende Straße oder Fläche.

21 *Morro da Conceição:* Hügel von der (Unbefleckten) Empfängnis.

gab, in der Gewissheit, dass er dort für immer und ewig wohl verwahrt sei.

Als 1910 das St.-Franziskus-Kirchlein in Prainha restauriert wurde, verschwand das Buch von Fray Montecuervo auf unerklärliche Weise. Geblieben ist uns nichts weiter als der Tagebuchbericht eines deutschen Franziskaners darüber. Frei Helvico – so sein Name – hält fest, er habe in dem besagten verbotenen Buch, von dem er außer dem langen Titel jedoch sonst kaum etwas überliefert, die erwähnten zusammengefalteten Seiten gefunden. Da er sehr an Zeugnissen aus dem kolonialen Brasilien interessiert sei, habe er sie an sich genommen. Im Übrigen habe er den Inhalt der Blätter kaum verstanden, weil es sich nach seiner Einschätzung um einen Text über falsche Visionen handelte, die überdies in einem für ihn als Deutschen nur schwer verständlichen Portugiesisch beschrieben seien. Auf jeden Fall bewahrte Frei Helvico die Schrift wie einen Schatz aus der Kolonialzeit auf.

Nach Frei Helvicos Tod fand man die Papiere, ohne Verfasserangabe, unter vielen anderen in einer Schublade in seiner Zelle. Wegen des Alters und wegen des schwer zu entziffernden Portugiesisch hatte jedoch kaum jemand ein Interesse daran, sie zu lesen. Die, die sie gleichwohl lasen, kommentierten bei Tisch oder in der abendlichen Freizeit, was die Erscheinung nach ihrer Meinung bedeutete. Über Wochen hin wurde darüber geredet und gestritten. Einige ältere Franziskaner erinnern sich noch heute daran.

Wie üblich nach dem Tod eines Ordensmannes, wanderte auch diesmal alles, was Frei Helvico an Schriften, Briefen, Tagebuchaufzeichnungen, Gedichten und Ähnlichem hinterlassen hatte, in das Zentralarchiv, das heißt in das Archiv der Franziskanerprovinz von der Unbefleckten Empfängnis von Südbrasilien in São Paulo. Auch die genannten Papiere wurden dort archiviert. Sie müssen sich noch heute dort befinden, möglicherweise verloren unter Tausenden nichtkatalogisierter Papiere aus annähernd fünfhundert Jahren franziskanischen Lebens in Brasilien.

Es kann hier nicht darum gehen, den Text in unsere heutige Sprache zu übersetzen, abgesehen davon, dass das Dokument ja auch gar nicht ohne Weiteres greifbar ist. Allenfalls können wir uns mit dem Inhalt auseinandersetzen, wie er von einigen, die sich damals mit den Blättern beschäftigt haben, heute geschildert wird. Zu nennen ist da vor allem ein Küchenbruder, gebürtiger Portugiese, Frei Simeão.

Frei Simeão hat ein unglaubliches Gedächtnis, erinnert sich an alle nur möglichen Einzelheiten und hält viel von allem, was mit Visionen und Privatoffenbarungen zu tun hat.

Frei Simeão zufolge hätte sich ein Franziskaner also einmal am Abend des Osterfestes, als gerade die Sonne hinter dem Corcovado-Felsen unterging, im Gebet und in tiefer Versunkenheit befunden. Er habe betrachtet, wie denn das mit den Erscheinungen des auferstandenen Herrn, der durch verschlossene Türen gekommen und gegangen sei, habe sein können, wie der Herr wie ein Phantom aufgetaucht und wieder verschwunden sei und wie er sich schließlich die feine Beschaffenheit des verklärten Körpers vorzustellen habe, sodass sich der Auferstandene den Gesetzen der Physik habe entziehen können. Da, in diesem Augenblick habe der unbekannte Franziskaner eine geistlich-mystische Vision gehabt.

Dank seines Studiums an der Hochschule des Sankt-Antonius-Klosters, in der im Rückgriff auf mittelalterliche Franziskanertheologen wie Alexander von Hales, Bonaventura, Duns Skotus und Wilhelm von Ockham immer eine gute intellektuelle Tradition gepflegt worden sei, habe der franziskanische Anonymus natürlich um die zentrale Stellung Christi in der Schöpfungsordnung gewusst, genauso wie auch Fray Montecuervo sie vertreten habe. Unter Bezug auf die spirituelle Erfahrung des heiligen Franz von Assisi, deren Schwerpunkte ja auf Menschwerdung, Krippe, Eucharistie und Leiden des Herrn gelegen hätten, hätten die erwähnten Meister gelehrt, der menschgewordene und auferweckte Christus sei das erste Geschöpf, das Gott gedacht und geliebt habe, noch bevor er die Welt geschaffen habe.

Die ganze Welt, alles, was in der Welt existiere, und auch die Menschen seien Widerspiegelungen Christi und Geschöpfe nach seinem Bild und Gleichnis. Der erste Mensch sei nicht Adam gewesen, sondern Christus. Im Gedanken an Christus habe Gott Adam modelliert. Auch um die Lehre des „Doctor subtilis", des Duns Skotus (1264–1308), habe der Anonymus gewusst, das heißt darum, dass die ganze Schöpfung, vom ersten Augenblick ihrer Existenz an, gedacht werden müsse von der Gegenwart des Menschen Jesus her und dass sie von ihr durchdrungen sei; denn in ihm, mit ihm, durch ihn und auf ihn hin sei ja alles geschaffen worden. So stehe es auch in den christlichen Schriften, insbesondere beim heiligen Paulus und im Prolog zum Johannesevangelium. Jesus Christus komme in der Schöpfungsordnung der absolute Primat zu. Gott sei Mensch geworden, nicht in erster Linie, um die gefallenen Menschen zu erlösen. Er sei Mensch geworden, weil er fasziniert gewesen sei von der Natur der Menschen und um die Schöpfung zu verherrlichen und die Bühne der kosmischen Ehre Gottes zu bereichern. Erst in diesem Zusammenhang habe er Mitleid gespürt mit den sündigen Brüdern und Schwestern und habe sie mit seiner Liebe und seinem Leben, seinem Kampf und seinem Kreuz, mit seinem Blut und namentlich mit seiner Auferstehung erlöst.

Grundsätzlich aber habe Gott den Mann von Nazaret, Jesus, gedacht und gewollt, damit es jemanden gäbe, der außerhalb Gottes Gott ganz innig lieben könne. Und der Küchenbruder Frei Simeão konnte sogar lateinische Formulierungen aus den entsprechenden Handbüchern zitieren: „Iesus: summe diligens Deum extra Deum – Jesus ist der, der Gott außerhalb Gottes am meisten liebt". Oder vom „Doctor subtilis" kannte er: „Deus voluit ut esset extra se summe diligens se – Gott wollte, dass es außerhalb seiner jemanden gäbe, der ihn ganz intensiv liebte."

Um so etwas zu ermöglichen, habe Gott selbst den Entschluss gefasst, aus dem Menschen Jesus von Nazaret Gott zu machen. Allein Gott könne Gott göttlich lieben. So sei der schwache, einfache Mensch Jesus von Nazaret, der weder Griechisch noch Lateinisch konnte, der weder eine Bücherei besaß noch offensichtlich etwas von Buchführung verstand, dem Dichter zufolge von Gott zum ewigen Wort eingesetzt worden. Er sei der inkarnierte Gott,

„das ewige Geschöpf, der Gott, der noch fehlte". Menschlich wie Jesus sei nur Gott.

Aufgrund der Menschwerdung sei er an den begrenzten Raum Palästinas gebunden gewesen. Aber dank der Auferstehung habe er alle Grenzen gesprengt und erfülle nunmehr den ganzen Kosmos. Durch alles und in allem sei er präsent, er könne sich zeigen, wo immer und wie immer er wolle. Obwohl auferweckt, verberge er gleichwohl seine Herrlichkeit unter der Gestalt des Gekreuzigten in Solidarität mit allen im Laufe der Geschichte Gekreuzigten. Solange diesen keine Gerechtigkeit widerfahre, sei seine Auferstehung noch nicht vollständig, und er wolle bis ans Ende der Welt weiter gekreuzigt werden im geschundenen Leben der Unterdrückten und Versklavten, der Armen und Nackten, der Hungernden und Gedemütigten, der Ausgebeuteten und Verletzten unserer Erde.

Dessen ungeachtet zeige er sich als Auferstandener, wenn die Hand sich dem Bedürftigen öffne, der Mund dem Enttäuschten ein tröstendes Wort sage, der Geist ein Medikament entwickle, das menschliches Leben zu retten vermöge, das Herz ein anderes Herz schlagen höre und der Mensch einem anderen Menschen vergebe, damit Groll und Rache nicht das letzte Wort seien. Jesus stehe jedes Mal dann auf, wenn ein Bildhauer eine neue Gestalt von ihm schaffe, sodass seine humanisierende Bedeutung neu aufleuchten könne, wenn ein Maler überraschenden Zügen an ihm Ausdruck verleihe, wenn ein Ingenieur eine solchermaßen plastische, ausdrucksstarke Christusstatue projektiere, dass sie seinen messianischen Auftrag, Hoffnung zu wecken, Barmherzigkeit zu üben und den Menschen das Heil zu bringen, erahnbar werden lasse, oder wenn Bauarbeiter mit Eisen und Backsteinen, Beton und Sandstein, Mörtel und Öl, Holz und Farbe dem unsichtbaren Christus so überzeugende Konturen gäben, dass er gleichwohl sichtbar werde. Dank all dieser Möglichkeiten trete der Auferstandene aus seiner Unsichtbarkeit hervor, trete uns entgegen und zeige sich sichtbar unserer menschlichen Wahrnehmung. Alle diese Gedanken kamen damals an jenem Osterabend unserem namenlosen Franziskaner, der offensichtlich ganz geprägt war vom Geist und von den Lehren der großen mittelalterlichen Franziskanertheologen, wie sie seither in scholastischen Handbüchern gedruckt und immer wieder abgedruckt werden.

Und als er so zum Corcovado-Felsen hinüberschaute, sah er mit einem Mal ein ganz intensives Licht. Allerdings wusste er nicht, ob er es mit den Augen des Körpers oder mit denen des Geistes sah. Doch was tat's? Die Vision war ganz real, denn sie wühlte ihm die Seele auf und erfasste seinen ganzen Körper. Er fühlte sich wie Mose auf dem Berg Sinai, ja wie Jesus und die Apostel auf dem Berg Tabor. Die Wolken, die um den Felsen herum lagen, leuchteten, als wären sie viele übereinander gelagerte Regenbögen. Das Licht schien geradezu lebendig zu sein, denn es wurde stärker und schwächer und ergoss sich nach den Seiten hin und nach oben, als wäre es der Lichthof um eine Gestalt in Bewegung. Da, plötzlich bildete sich in der Mitte ein noch helleres Licht. Anfänglich war es ein diffuses Rot, das allmählich intensiver wurde. Es schien ein Kreuz zu bilden. Dann aber wurden die Konturen schärfer. Christus trat hervor, ganz verklärt, die Arme geöffnet, das Herz sichtbar schlagend auf der Brust und Strahlen aussendend in alle Richtungen über Stadt, Meer, Wald und über das Gebirge zu seinen Füßen, bis sie sich am Horizont verloren.

Die Szene erfüllte den begnadeten Bruder mit Staunen und Schrecken. Wie die Apostel am ersten Ostermorgen rief er von Ekstase gerührt: „Der auferstandene Herr! Der auferstandene Herr, da! Alles ist verklärt. Da lebt ja alles. Alles ist eingehüllt in Glückseligkeit. Christus der Erlöser vom Corcovado-Felsen!"

Nach einer Weile und noch einer Weile hatte er den Eindruck, als würde die Gestalt zu Stein. Und tatsächlich, sie rührte sich nicht mehr, war zur Statue geworden. Die Arme blieben ausgestreckt, als wollten sie die ganze Welt umfassen, das Herz sichtbar auf der Brust und die Hände geöffnet, wie bis an die Unendlichkeit rührend. ... Das Leuchten verschwand. Allein die Statue strahlte weiter ein sanftes Licht aus, als ob sie zwischen Himmel und Erde schwebte.

Lange, eine Ewigkeit geradezu, blieb der mystische Bruder in seiner Vision versunken. In Wirklichkeit indes waren es nur ein paar Minuten, allerdings aufs höchste verdichtet.

Dies also war die letzte große Erscheinung des Auferstandenen im fernen Westen des Globus. Sie war so intensiv, dass sie das Corcovado-Gebirge prägt bis auf den heutigen Tag. Sie hüllte ihn damals in einen solchermaßen menschlichen, sanften Lichtschein ein, dass er nur göttlich sein kann.

Wenn jemand ein wirklich glaubender Mensch ist, ein unerschütterlich glaubender Mensch, und einen nicht nur instrumentellen Glauben hat, der aus seinen eigenen Interessen geboren wird, sondern einen kostbaren, selbstlosen Glauben, dann kann er an bedeckten Tagen, wenn die Statue des Erlöser-Christus in Wolken gehüllt ist, entdecken, dass auch heute noch Strahlen aus den Wolken hervortreten.

Die Ausstrahlung des Auferweckten war so groß, dass sie fortwährend die religiöse Fantasie der Bewohner und Bewohnerinnen dieser immerzu lächelnden Stadt beflügelte. Warum sollte man eigentlich nicht eine Statue des Erlösers da oben auf den höchsten Felsen über der Stadt, auf den Corcovado also, setzen? Warum nicht einen Christus dort aufstellen, der mit offenen Armen die Stadt und die Welt umgriffe? Mit einem Herzen auf der Brust, das die menschenfreundliche Güte Gottes und seine Herzlichkeit uns gegenüber zum Ausdruck bringen sollte? Warum eigentlich nicht?

Die Idee mobilisierte Geister und Herzen. Der Auferstandene krempelte alle um. Hatte er denn seine Wirkmächtigkeit nicht auch schon an Ostern gezeigt? Hatte so etwas nicht schon der heilige Thomas im 77. Spruch seines Evangeliums anzunehmen nahegelegt? Wenn der Auferstandene in einem Stück Holz ist, das wir spalten, oder in einem Stein, den wir aufheben, ist er dann nicht um so viel mehr in Geist und Herz der Menschen?

Schließlich reifte das Ganze heran. Menschen aller Schichten sollten der Anstrahlung einer Statue des Auferstandenen auf der Spitze des Corcovado endlich konkrete Gestalt geben.

Ein polnischer Bildhauer mit französischer Staatsangehörigkeit, Paul Landowsky, wurde gebeten, die Statue zu entwerfen. Die englische Firma Pelerard Considere & Colgnot erhielt 1924 den Bauauftrag. Die Bauleitung lag bei den Brasilianern Pedro Viana und Heitor Levi.

Das Werk ist eben solcher Bewunderung würdig, wie der Erlöser Liebe verdient. Seine Ausmaße sind unvergleichlich: dreißig Meter hoch, dreißig Meter in der Spanne und 1145 Tonnen schwer. Allein der Kopf ist 3,75 Meter hoch und wiegt dreißig Tonnen. Jede Hand misst 3,20 Meter und ist acht Tonnen schwer. Trotzdem mutet alles so leicht an, dass die Christusgestalt zwischen der Unendlichkeit des Himmels und dem Dunklen der Erde zu schweben scheint.

Sieben Jahre später, am 12. Oktober 1931, um 19 Uhr, genau in demselben Augenblick, in dem der unbekannte Franziskaner seine mystische Vision hatte, wurde die Statue eingeweiht. Der italienische Physiker Guglielmo Marconi, der Erfinder der drahtlosen Nachrichtenübermittlung mithilfe hertzscher Wellen, setzte in Rom die Anstrahlung und mithin die Verklärung der ganzen Gestalt in Gang. In Anwesenheit aller zivilen, religiösen und militärischen Größen leuchtete sie mit einem Mal im Lichte der Auferstehung auf, sodass die Massen den Mund nicht mehr zu bekamen und die Stadt in Ekstase geriet. Der Erlöser, der auferstandene Christus, war auf dem Corcovado-Felsen erschienen.

Was der franziskanische Anonymus vorhergesehen hatte, war eingetroffen. Seine Vision hatte vorweggenommen, was mehr als zweihundert Jahre später passieren sollte. Der Himmel hatte eine Gnade erwiesen der Stadt São Sebastião do Rio de Janeiro[22], der lieblichsten aller Städte auf dem Erdenrund, der schönsten aller Provinzen auf dem Planeten und dem gesegnetsten aller Gebirge im ganzen fernen Westen.

Wer in Rio de Janeiro heute ein gläubiger Mensch ist, weiß: Christus ist im Holz, das er spaltet, und im Stein, den er aufhebt,

---

22 Vgl. weiter oben, Seite 96, Anm. 18.

wie es der Apostel Thomas lehrt, von dem manche annehmen, er sei schon in Brasilien gewesen, noch ehe der portugiesische Seefahrer Pedro Álvares Gabral seinen Boden 1500 betrat. Gläubige Menschen in Rio wissen: Christus ist auch in den Armen und Unterdrückten, die in den mehr als dreihundert Favelas um die Stadt herum leben, in den Straßenjungen und Straßenmädchen, die unentwegt in der Gefahr stehen, niedergemetzelt zu werden, in den Männern und Frauen, die ums nackte Überleben, aber auch um Gerechtigkeit und Schönheit kämpfen, im Ehemann und in der Ehefrau und vor allem in den Kindern, in jeder menschlichen Person, mag sie noch so unauffällig sein. Gläubige Menschen in Rio wissen: Christus ist immer da, Tag und Nacht, ob's regnet oder die Sonne scheint ... da oben, auf der Spitze des Corcovado-Felsens.

Christus der Erlöser auf dem Corcovado ist ein ökumenischer Christus. Er gehört allen und ist für alle da. Er hat die Arme geöffnet, um die Menschen zu umfassen, und das Herz trägt er offen auf der Brust, um ihnen seine Liebe und sein Erbarmen zu zeigen. Er ist ein menschennaher Gott, auf den einzulassen es sich lohnt. „Er ist der Menschliche, der Natürliche. Und deshalb weiß ich das alles mit voller Sicherheit", so staunt der Dichter. Ja, er ist der nahe, der zärtliche, der brüderliche Gott, der ganze, der wahre, der göttliche Mensch. Amen.

(Leonardo Boff, Am Rand des Himmels. Geschichten von Gott und Welt, Düsseldorf 1997, 131–147; Übers.: Horst Goldstein)

Die Gräber der Päpste

Wer den Vatikan besichtigt, gerät mit Fug und Recht immer wieder ins Staunen. Gleich bei der Ankunft fühlt er bzw. fühlt sie sich umgriffen von den beiden gewaltigen Armen der Säulenhallen rings um den Petersplatz, die offenbar alle Menschen in den Schoß von Mutter Kirche holen wollen. Und dann erst im Innern der Basilika: Kunstwerke über Kunstwerke!

In der Krypta stehen wir vor den Gräbern der Päpste. Hier fühlen wir uns an die Worte erinnert, die Jesus dem Petrus gesagt hat: Ja, er könne Petrus der Fels werden, aber auch Petrus der Stein des Anstoßes. Ist denn „Weg mit dir, Satan!" (Matthäus 16,23) kein deutlicher Satz? Doch diese Aufforderung des Herrn an Petrus als Schlüssel zu nehmen zum Verständnis der Gestalten wie auch der Verhaltensweisen der Päpste, damit haben sich Christen und Christinnen eigentlich noch nie anfreunden können.

Natürlich gibt es Päpste, die Petrus der Fels waren und auch heute noch Felsen sind. Sie bauen ihre Brüder und Schwestern auf und bestätigen sie im Glauben und in der Kühnheit des Traumes Jesu. Aber es gibt auch solche, die Petrus der Stein des Anstoßes sind. Diese sind Lichtjahre vom Evangelium entfernt und machen die Kirche zum Grab Gottes.

So schrak Papst Johannes X. (914–928) nicht vor simonistischen Tricks zurück, als er ein Kind von fünf Jahren zum Erzbischof von Reims ernannte, der dann aber im Gefängnis ermordet wurde. Oder nehmen wir den Genussmenschen Johannes XII. (955–964), der mit kaum achtzehn Jahren Papst wurde, obwohl er voller Laster steckte; er starb in der Folge von Verletzungen, die er sich zuzog, als ihn ein betrogener Ehemann im Bett mit seiner Frau überraschte. Es gab Verbrecher und Leichenschänder wie Papst Stephan VI. (896–897), der die Leiche seines – seit neun Monaten im Grab liegenden – Vorgängers Formoso wieder ausgraben ließ. Die verweste Leiche, aus der überall schon die Würmer krochen, ließ er in päpstliche Gewänder hüllen. Die von Formoso ernannten

Kardinäle wurden gezwungen, ihm die Hand zu küssen. Doch dann musste sich die Leiche einem Amtsenthebungsprozess unterziehen, den sie natürlich verlor. Formoso wurde abgesetzt, und die drei Finger der rechten Hand, mit denen er üblicherweise den Segen gespendet hatte, schnitt man ihm ab. Schließlich wurde er aller päpstlichen Insignien entkleidet und – als stinkendes, völlig entstelltes Schreckgespenst – in den Tiber geworfen. Andere Päpste taten sich durch unbeschreibliche Überheblichkeit hervor und schwangen sich beinahe zur Höhe Gottes empor, wie zum Beispiel Papst Gregor VII. (1073–1085). Unter dem Vorwand, die kirchliche Hierarchie vor dem Zugriff der Laien zu retten (was zu der Zeit als die große Gefahr galt), veröffentlichte er 1075 ein Dekret mit siebenundzwanzig Thesen, durch die die Vorherrschaft der Päpste bis auf den heutigen Tag stabilisiert wurde. Nicht ohne Grund heißt das Papier *Dictatus Papae*, wörtlich verdeutscht: „Diktatur des Papstes". In dem Dekret heißt es unter anderem: „Der Papst ist der einzige Mensch, dem die Fürsten die Füße küssen" (man stelle sich vor, was dann wohl die Laien müssen!), „Der Papst urteilt über alle Menschen, aber keiner kann über ihn urteilen", und: Unter der Voraussetzung, dass er rechtmäßig gewählt worden ist, „wird er automatisch heilig, dank der Heiligkeit des heiligen Petrus". Seither verstehen sich die Päpste immer weniger als Nachfolger Petri denn als Statthalter Christi und als Stellvertreter Gottes auf Erden. Einige Theologen gingen so weit, dass sie Papst Gregor den *Deus minor in terra* nannten: „den kleinen Gott auf Erden". Aufgrund dessen gehen die Päpste davon aus, sie stünden über jedweder religiösen und zivilen Macht und hätten die Kompetenz, zu Fragen von Kirchen und Religionen, von Schöpfung, Naturgesetz und Deutung des Ganges der Welt etwas zu sagen.

Aber es fehlt auch nicht an der wohltuenden Ausstrahlung vorbildlicher Päpste, wie Papst Kallistus' I. (217–222), der als Sklave in Bergwerken auf Sardinien gearbeitet hatte. Danach kümmerte er sich darum, dass Christen und Christinnen in den Katakomben bestattet wurden, die, an der Via Appia vor den Toren Roms gelegen, noch heute nach ihm benannt sind. Ein außergewöhnlicher Papst war auch Gregor der Große (590–604), der – bevor er Papst wurde –Bürgermeister von Rom gewesen war. Für Gregor den Großen müssten die Päpste vor allem „Anwälte und Verteidiger der Armen" sein. Der heilige Papst Zölestin V. (1294) war bis zu seiner Wahl zum Papst im Alter von achtzig Jahren Einsiedler gewesen. Absolut einfältig und allen Machenschaften der Macht abhold, fühlte er sich manipuliert und verzichtete nach einigen Monaten auf das Amt, um sich wieder in seine Einsiedelei zurückzuziehen; doch daran wurde er gehindert, sodass er sich in einem Gefängnis wiedersah, in dem er schließlich vor Enttäuschung starb. Oder denken wir an den guten Papst Johannes XXIII. (1958–1963)! Johannes XXIII. gab dem Christentum wieder ein menschliches, ja zärtliches Antlitz. Nach dem Gebet des „Engel des Herrn" auf dem Petersplatz bat er die Mütter, den Kindern zu Hause in seinem Namen einen Küss zu geben. Noch heute fehlen auf seinem Grab weder Blumen noch brennende Kerzen. Von dem heiter lächelnden Papst Johannes Paul I. (1978) ist ein einfacher Satz überliefert, der gleichwohl manche Kardinäle empörte und konservative Theologen zu mancherlei Diskussionen veranlasste: Gott sei nicht nur Vater, sondern auch und gerade Mutter voll unendlicher Güte. Nach diesem Ausspruch konnte er in Ruhe sterben. Allein schon dieser Satz macht sein Petrusamt, auch wenn es nur dreiunddreißig Tage gedauert hat, unvergesslich.

Besucher und Besucherinnen der Sixtinischen Kapelle lassen sich hinreißen von der Schönheit, mit der Michelangelo den neuen Humanismus der anbrechenden Moderne zum Ausdruck brachte. Der nackte Adam, gerade aus der Hand Gottes hervorgegangen, tritt ihnen mit seinen wohlgeformten Muskeln und in seiner ganzen männlichen Fülle entgegen. Adam schaut zur Erde. Mit einem Finger indes sucht er nach der Hand Gottes. Denn niemals darf er die transzendente Herkunft seiner schöpferischen Energie vergessen.

Dessen ungeachtet fühlen sich religiöse Menschen von der psychologisch-religiösen Wirkung des Vatikans am Ende enttäuscht und niedergeschmettert. Was da an Papstkult getrieben wird, ist schlicht zu viel. An jeder Ecke stößt man auf ein Erzeugnis der Idolfabrikation, meistens nichts anderes als Kitsch, abgestimmt auf den Konsum der Pilger und Pilgerinnen aus der ganzen Welt. Aufs Ganze gesehen, herrscht im Vatikan ein Bündnis zwischen Christentum und den Mächten dieser Welt, insbesondere mit dem alten Adel und dem modernen europäischen Bürgertum. Bezeichnenderweise taucht in einer Inschrift an der Stirnwand der Basilika zur Beschreibung des Papstes, unter dessen Ägide der Dom gebaut wurde, auch das Wort „Burgesius" auf. Wer aus der Position der Macht heraus evangelisieren will, muss einen hohen Preis in Kauf nehmen: den Verlust der Armen, der Machtlosen. Wenn aber die Kirche die Armen verliert, kann sie sich dann noch an der Seite Jesu wissen?

Hier im Vatikan ist die Kirche den Palästen der Kaiser näher als dem Kahn des Petrus. Alles ist zu pharaonenhaft, als dass es ein Ausdruck sein könnte des Evangeliums und seines Wanderpredigers auf den staubigen Wegen Palästinas, der ja ein Freund der kleinen Leute von der Straße war, der die Armen befreien wollte und der den großen Traum aller menschlichen Fantasie, das Reich der Liebe, der Vergebung und der Geschwisterlichkeit für alle, verkündete: Jesus von Nazaret. Der Vatikan lebt davon, was Jesus nie gewollt hat: Größe, Reichtum und Schaustellung. Ein Ärgernis.

(Leonardo Boff, Am Rand des Himmels. Geschichten von Gott und Welt, Düsseldorf 1997, 107–112; Übers.: Horst Goldstein)

Assisi

Wallfahrer und Wallfahrerinnen, die den Skandal nicht einfach hinnehmen, sondern den unschuldigen Glauben der Kindheit wiederfinden und die Ausstrahlung der Evangelien spüren wollen, tun gut daran, nach Assisi zu schauen, drei bis vier Stunden Fahrt nördlich von Rom gelegen. Aus der kleinen weißen Stadt, an den Hang des Berges Subasio geklebt und dank ihrer lauteren Schlichtheit jedem Aufwand abhold, strahlt die zärtliche und brüderlich-schwesterliche Energie der beiden Heiligen Franz und Klara. Hier spricht alles vom Evangelium. Hier hallt aus den weißen Steinen auf dem Boden die heitere Botschaft für die Armen, die ja der bevorzugte Ort der Begegnung mit dem zärtlichen Gott der Kleinen sind. Hier spürt man, dass die Natur ihre Würde wiedergewonnen hat und zum großen Sakrament des Vaters geworden ist ... und dass sie zahllose Brüder und Schwestern mit sich bringt: die Grille, die im Baum singt, die Schnecke, die mühsam versucht, auf die andere Seite des Weges zu gelangen, und den Wolf, der die Bewohner und Bewohnerinnen der Stadt Gubbio in Angst und Schrecken versetzt. Hier entdeckt man alle als Brüder und Schwestern im großen Vater- und Mutterhaus, unter dem Regenbogen der göttlichen Gnade.

In Assisi wird das Herz weit und leicht. Hier füllt es sich wieder mit der lächelnden Utopie des Jesus von Nazaret, die im Vatikan unter der Last von Pomp und Ruhm erstickt war. Wer in Rom seinen Glauben verloren hat, findet ihn in Assisi wieder. So haben es zahllose Laien erfahren, aber auch nicht wenige Bischöfe und Theologen.

Jedes Mal, wenn ich nach Assisi fahre, steige ich in Santa Maria degli Angeli aus der Bahn. Dort, ein paar Kilometer vor Assisi gelegen, hatte Franz eigenhändig ein Kirchlein gebaut, über das sich heute jedoch eine große Basilika wölbt. Langsam steige ich dann die kurvenreiche Straße in Richtung Assisi hinauf, durch Weizenfelder, kleine Weinberge und Olivenhaine, vielleicht vier Kilometer. Dabei betrachte ich die Wege und Taten des armen Bruders

Franziskus und seiner Gefährten, allesamt trunken von der Liebe zu Gott, voller Leidenschaft für die Armen in den Städten und an den Wegen und versunken in das Geheimnis der Schöpfung, in der jedes Element die Botschaft und den Anruf des Schöpfers vermittelt.

In der letzten großen Kurve des Weges gehe ich dann gern durch ein Wäldchen, das kurz vor dem Stadttor liegt. Hier trafen sich Klara und Franz. Beide liebten sich mit einer Innigkeit und Transparenz, wie man sie im christlichen Abendland kaum je gesehen hat. In der Beziehung der beiden zueinander, die sie übrigens bis ans Lebensende gepflegt haben, liegt etwas vom Geheimnis, von Eros, verklärt durch Agape, von faszinierender Zärtlichkeit und Sorge, wie sie nur zwei außergewöhnliche, mit ihrem Anliegen vor Gott reine Menschen ohne Angst und ohne schlechtes Gewissen haben konnten.

Aber es blieb ihnen nicht erspart, gegen die üblichen Konventionen anzugehen, wollten sie die Radikalität ihrer Beziehung nicht gefährden, so wie sie ihnen – auf der Grundlage ihrer Natürlichkeit – die besondere Ausstrahlung des *animus* und der *anima* vermittelte. Bekanntlich reift ja jeder Mann unter den Augen der Frau, und entfaltet sich jede Frau im Gegenüber zum Mann. Franz und Klara sind ein überzeugender Beweis für diese Wahrheit.

Abzulesen ist das auch an einer alten Legende, die bei Franziskanern mit ihrer typisch unschuldigen, reinen Spiritualität immer wieder zu hören ist. Es lohnt sich, die Überlieferung hier wiederzugeben:

Eines Tages, so heißt es, fingen die Leute an, über das Verhältnis zwischen Franz und Klara zu tuscheln. Franz kam das Gerede zu Ohren. Als sich die beiden das nächste Mal in dem Wäldchen trafen, sagte er zu Klara: „Verstehst du, Geliebte, was die Leute über uns reden?" Doch Klara blieb stumm. Das Herz stand ihr still. Hätte sie auch nur ein Wort gesagt, wäre das Ganze nicht zu ertragen gewesen, und sie wäre in Tränen ausgebrochen. „Es ist an der Zeit, uns zu trennen", griff Franz den Faden auf. „Geh du schon mal! Und noch vor Anbruch der Dunkelheit wirst du im

Kloster eintreffen. Ich gehe dann allein meinen Weg und begleite dich von Ferne, in der Hoffnung, dass der Herr mir schon sagen wird, was ich tun soll." Klara kniete sich mitten auf dem Wege nieder. Aber bald fand sie die Fassung, streifte das blonde Haar zur Seite, das ihr über die Augen gefallen war, stand auf und ging, ohne sich einen Blick zurück zu gönnen. Doch der Winter, in dem diese Szene spielte, war hart, und der Weg hatte den Schutz des Waldes schon verlassen. Mit einem Mal schwanden Klara die Kräfte, Angst und Aussichtslosigkeit überkamen sie. Sie hatte Franz stehen lassen, ohne ihm ein Wort des Abschieds zu sagen! Einen Augenblick blieb sie stehen. Und süß, wie weinend, sagte sie: „Franz, wann seh'n wir uns wieder?" „Wenn's wieder Sommer ist, wenn die Rosen wieder blühen", gab Franz zur Antwort. Und da, im tiefsten Winter, passierte etwas Wunderbares. Auf den schneebedeckten Feldern ringsum begannen Tausende von bunten Blumen zu sprießen. Überrascht, wie sie war, zögerte Klara einen Moment, sputete sich aber dann, pflückte einen Strauß Rosen und gab sie Franz. Von dem Augenblick an, so die Legende, waren Franz und Klara unzertrennlich.

Nur Legenden vermögen festzuhalten und immer wieder weiterzugeben, was in Ereignissen des Herzens an konkreter Wahrheit steckt. Offenbar eignet sich auch für Verliebtsein und Liebe am besten die Sprache der Legende. So leidenschaftlich Franz und Klara auch für Gott entflammt waren, der Strom ihrer menschlichen Liebe war damit nicht versiegt. Eher schon wurde sie noch radikaler, weil in der Tiefe der menschlichen Liebe Gott selbst wohnt, der ja die Liebe ist. Kraft dieser Liebe trennten sich Franz und Klara nie mehr und brauchten sich auch nicht mehr zu trennen. Beide ankerten in einem Dritten, der sie faszinierte und von allen Seiten her umfasste.

Das Charisma von Klara wie von Franz hat alle Stellen, an denen die beiden in und um Assisi waren, geprägt. Charisma ist eine Art Karma oder Lichthof, eine Energieverdichtung mit großer Ausstrahlung und mitreißender Kraft. Jeder Mensch hat bis zu einem gewissen Grad ein Charisma und färbt damit ab auf Menschen und Dinge. Aus diesem Grund ist auch das persönliche Ich nie eingesperrt in das Stückchen vitalisierter Welt, das Körper heißt. Es durchdringt alle Dinge um uns herum. Ohne dies alles, ohne die Berge, die am Rande unseres Geburtsortes zu sehen sind, ohne die schattigen Bäume, unter denen wir als Kinder spielten, ohne die Felsen, die aus der Landschaft herausragen, ohne die Bäche, die durch unser Viertel fließen, ohne die alten Häuser, die sich längs der Straße ducken, und ohne den Horizont, hinter dem die Sonne jeden Abend untergeht, verdunstet unser Ich, sind wir nicht mehr wir selbst, und hören wir auf, konkrete Menschen zu sein. Das Ich mit seinem Charisma erstreckt sich auf alles, was irgendwann mal in Bezug zu ihm gekommen ist und es affektiv berührt hat. Alle diese Dinge werden Teil unseres Ichs. Mit Recht spricht man vom *spiritus loci*, vom Geist des Ortes, vom Ausstrahlungshof, den die Dinge haben, und von der Seele, die sie in sich tragen. Nur wenige Städte sind in Europa charismatisch so imprägniert wie Assisi. Man könnte meinen, der kleine Arme und seine Weggefährtin Klara warteten auf einen hinter jeder Ecke der Stadt.

Einmal kam ich nach Assisi, nachdem ich zuvor im tiefsten Vatikan, in den Räumen des alten „Heiligen Offiziums der Inquisition", heute kurz „Kongregation für die Glaubenslehre" genannt, angsterregende Dialoge mitgemacht hatte. Die Gespräche waren wie unter Tauben verlaufen. Dass ich mich dann in ein und derselben Reihe mit Galileo Galilei und Giordano Bruno wiederfand, habe ich eben dieser vatikanischen Kontrollbehörde zu verdanken. 1985 erlegte sie mir ein Jahr „gefälligen Schweigens" auf, was zur Folge hatte, dass ich in dem Jahr von allen Jahren meines Lebens wohl am meisten habe reden müssen.

Es ist Nacht. Der Wind pfeift kalt durch die verlassenen Gassen von Assisi. Der Herbst ist schon fortgeschritten. Die Straßen sind glitschig vom feuchten Laub, so bunt es auch sein mag. Der Mond schimmert durch die Spalten in der Rocca Maior, der Ruine der alten Burg auf dem Berg, der über die Stadt bis auf den heutigen Tag wacht. Ich steige Gassen hinauf und hinab und durchstreife enge Straßen, allesamt von weißen Häusern flankiert. Merkwürdig: Die weißen Steine bedecken nicht nur den Boden, sondern steigen auch an den Wänden der Häuser empor. Sie vermitteln den Eindruck von Solidität, zugleich aber auch von Leichtigkeit. Ich gehe an den Franziskanerkirchen vorbei und berühre verschiedene Orte, die in Verbindung stehen mit der Sonne von Assisi, wie Dante Alighieri Franziskus in seiner *Göttlichen Komödie* nennt.

Nirgendwo eine lebende Seele. Nichtsdestoweniger ist alles bewohnt und scheint zu reden. Es schaudert mich bei dem Gedanken, Franz könne mir jeden Moment aus einem der Gässchen und verwinkelten Sträßchen entgegenkommen. Was würde ich dann tun, ich, der schäbige, nichtsnutzige und elende Nachfolger von ihm? Der Wind ist kalt. Von den Bäumen gefallene Blätter treibt er durch die Ecken. Hier und da flackern ein paar Lichter in den Fenstern derer, die allerorten erst spät zu Bett gehen. Mitternacht hat es längst geschlagen. Im matten Schimmer des Mondes gleiten die Wolken über den Himmel dahin und scheinen um die Wette zu laufen. Da unten streckt sich, schlaftrunken, das Tal, in dem Spoleto liegt. Der leichte Nebel, noch an die sanfte Wärme des Tages erinnernd, hüllt es ein in einen Hauch von Geheimnis. Rötliche Lichter schimmern hin und wieder längs des Tales auf. Alles ist ungeheuer dicht. Hier also hat Franz von Assisi gelebt und sich gefreut, gesungen und getanzt. Hier hat er Gott entdeckt, wie er in Blumen und Bergen lebt, im Leprakranken ebenso wie in jedem menschlichen Geschöpf. Es ist mir, als sähe ich ihn, wie er in dieser nächtlichen Stunde einen Unterschlupf sucht, um sich mit seinen Weggefährten zurückzuziehen und schlafen zu gehen.

All diesen Gedanken hing ich nach, als, vernehmlich raschelnd, plötzlich ein großes Feigenblatt vom Wind getrieben auf mich zu stolperte. Im Zickzack, hin und her. Mal blieb es einen Augenblick liegen, dann bewegte es sich wieder, bis es zu meinen Füßen Halt machte und von dort offensichtlich nicht mehr weg wollte. Da, waren da nicht Schritte zu hören? Gewiss, leichte, aber sichere Schritte. Selbst die Tauben, die da unter einem Torbogen schliefen, schienen sie zu hören. Sie wurden wach und fingen an, in einem fort unruhig zu gurren. Wie versteinert stand ich vor dem Blatt, das sich trotz des Windes nicht weiter bewegte. Ich betrachtete und beobachtete es, wie jemand, der sich über ein lebendiges Wesen beugt. Aber da lag es, regungslos. Ruhig wie ein Stillleben. Voll geheimen Lebens. Es brachte mir eine Präsenz, die faszinierend, aber auch nicht minder furchterregend war. Ich wollte Reißaus nehmen, fühlte mich aber wie an den Ort gekettet.

Wer möchte bestreiten, dass in dem Feigenblatt nicht Franziskus selbst gekommen war, um seinen ratlosen, verzweifelten Bruder zu besuchen oder – wer weiß? – zu ermahnen und zu trösten? Ohne Zweifel, sein Geist steckte in den Steinen, in dem Wind, in den Wolken, in dem Mond, in den Straßen und in den Häusern. Vor allem aber in dem großen Feigenblatt zu meinen Füßen. Alles war von seinem Charisma durchdrungen, von seiner Brüderlichkeit und seiner Heiterkeit. Franziskus verband alle Dinge miteinander ebenso wie mit Gott, Vergangenes und Gegenwärtiges. „Deus meus et omnia – Mein Gott und alle Dinge!" So das Stoßgebet, das er wie ein buddhistisches Mantra fortwährend wiederholte.

Die Liebe ist eine einzige Bewegung. Mit derselben Liebe, mit der er Gott umarmte, umarmte er auch jedes einzelne Ding wie die Dinge insgesamt. Deshalb lautet „Deus meus et omnia!" richtig übersetzt nicht „Mein Gott und mein alles!", als ob Gott der einzige Inhalt seines Verlangens gewesen wäre. Nein, Franz liebte Gott und Klara, die Brüder und die Leprakranken, die Vögel und die Grillen, den Wolf und alles, in einem einzigen Zugriff der Liebe. Hierin besteht das Unterscheidende der kosmischen Spiritualität. Gott ist sozusagen eingemischt in alle Dinge. Indem Franz sich den Dingen zuwandte, wandte er sich Gott zu. Aus diesem Grund konnte er ausrufen: „Mein Gott und alle Dinge!"

So ist in Assisi alles verbunden und aneinander rückgebunden. Alles spricht und teilt sich mit. Franziskus lebt noch immer in seinen kleinen Leuten, in den Gassen und Kirchlein, die er wiederaufbaute, in den Wäldern, in denen er weinte, sang, liebte und sich von der kosmischen Ausstrahlung Gottes und seiner geliebten Klara hinreißen ließ. In dem großen herbstlichen Feigenblatt zu meinen Füßen, schweigend und beredt.

Voll größter Hochachtung und begleitet von Franziskus selbst, ging ich ganz langsam zurück. Meine Seele sollte eintauchen in das magische Universum der Seligpreisungen. Ich schlief erst ein, als die Hähne schon krähten. Beglückt von der mystischen Heimsuchung, die mir widerfahren war.

Ist dein Glaube bedroht, Assisi gibt ihn dir wieder. In den Steinen und Bergen, in den Gassen und Stiegen, allesamt durchweht von der Aura der beiden Heiligen Franz und Klara, kristallisiert sich das Evangelium, in dem die Armen seliggepriesen werden, wie auch alle, die sich um Einfachheit und Transparenz bemühen. Vermöge dieser Dinge, auf die es den Menschen ja immer wieder ankommt, verlängert Assisi die Schlichtheit Nazarets sowie der Höhle, der Krippe und der Hirten in Betlehem. Assisi vergegenwärtigt die Transparenz der Felder dort, des Gesangs der Engel und der Landschaft um den Berg der Seligpreisungen. Der Edelmut und die Heiterkeit des Franziskus schaffen unentwegt einen Raum der Versöhnung, in dem wir unsere Tugenden ohne Hochmut sagen und unsere Laster ohne Bitterkeit eingestehen können. Und in dem selbst die Päpste, die uns zum Stein des Anstoßes gereichen, wie wir zuvor meinten, zu Steinen der Erbauung werden, damit unser Glaube reifen und sich konsolidieren kann, damit ihm weder Gutes noch Böses etwas anhaben, woher sie auch kommen mögen, von Männern oder Frauen, von Ordensleuten oder Pfarrern, von Bischöfen oder Päpsten, und damit er sich entwickelt zu einem universalen Humanismus, der sich als so radikal menschlich erweist, dass er auch göttlich ist. Zu Ehren des heiligen Franziskus und der heiligen Klara. Amen.

(Leonardo Boff, Am Rand des Himmels. Geschichten von Gott und Welt, Düsseldorf 1997, 112–121; Übers.: Horst Goldstein)

Ende oder Vollendung?

Was dürfen wir hoffen? Immanuel Kant zufolge ist dies eine der drei Grundfragen des Menschseins überhaupt. Sind wir nur „Zigeuner am Rande des Universums", deren Sehnsüchte und Kämpfe, deren Lieben und Leiden einfach einem stummen und gleichgültigen Kosmos gegenüberstehen? Oder dürfen wir mit guten Gründen darauf hoffen, dass alles, was unser Leben ausmacht, letztlich aufgehoben ist im Urquell allen Seins, dem wir entspringen und in dessen Fülle wir wieder eingehen werden? Das erste Buch überhaupt, das Boff nach seiner Doktorarbeit geschrieben hat („Was kommt nachher?"), handelt von der christlichen Hoffnung auf ein Leben nach dem Tod. Leonardo Boff hat aber diese individuelle Hoffnung nie getrennt von der Frage der Zukunft der Welt insgesamt und sie rückgekoppelt mit unserem Engagement gegen die drohende ökologische Apokalypse, gegen die mögliche Auslöschung der menschlichen Zivilisation.

Der Zirkusclown

Von allen aktuellen Krisen – der Ernährungskrise, der Energiekrise, der ökonomischen und Finanzkrise, der ethischen und spirituellen Krise – ist die Klimakrise am dramatischsten. Von ihr hängt das Schicksal des Lebens und der Menschheit auf diesem kleinen Planeten ab.

Nach alarmierenden Berichten des IPCC (Intergovernmental Panel on Climate Change, das ist der wissenschaftliche Beirat der UNO zu Klimafragen) am 2. Februar 2007 ist das Schlimmste, was passieren kann, dass wir die Dinge so laufen lassen, wie sie zurzeit laufen. In diesem Fall würden wir fröhlich unserem wahrscheinlichen eigenen Ende entgegengehen.

Eine solche Haltung erinnert uns an die Parabel, die der berühmte dänische Philosoph Søren Kierkegaard (1813–1855) erzählt. Es geht darin um einen Zirkusclown. Im hinteren Teil des Theaters sind die Vorhänge in Brand geraten. Der Zirkusdirektor überträgt nun dem Clown, der sich schon für die Vorstellung zurechtgemacht hat, die Aufgabe, die Zuschauer über das zu informieren, was passiert ist, und sie aufzufordern, allesamt herbeizueilen und die Flammen löschen zu helfen. Da er als Clown kam, dachten alle, es handle sich um eine Finte, um die Leute zum Lachen zu bringen, und sie hörten in der Tat nicht auf zu lachen. Je mehr der Clown flehte, umso mehr lachten die Leute. „Das Feuer verbrennt die Vorhänge, es wird das ganze Theater verbrennen, und ihr alle werdet mitverbrannt!" Das kam ihnen allen sehr unterhaltsam vor, denn sie meinten, der Clown spiele seine Rolle perfekt. Schließlich vernichtete das Feuer tatsächlich das ganze Theater und alle Leute, die sich darin befanden. Und Kierkegaard schließt mit den Worten: „So, vermute ich, wird die Welt enden: Inmitten von allgemeinem Gelächter derer, die sich nur zu unterhalten und zu vergnügen wissen und letztlich denken, alles reduziere sich auf den Genuss."

Diese Worte Kierkegaards kann man exakt auf ganze Regierungen, auf viele Wissenschaftler, Unternehmer, Ordensleute und auch einfache Leute anwenden, die meinen, die Sache mit der Erderwärmung sei ein großer Betrug oder falscher Alarm. Sie sagen, das Phänomen sei zum Großteil ganz natürlich und die Erde sei von selbst in der Lage, das verlorene und für das Leben unverzichtbare Gleichgewicht wiederzuerlangen. Und sie leben wie die reichen Passagiere auf der Titanic, feiern Feste und amüsieren sich, während sie untergehen.

(Leonardo Boff, Sehnsucht nach dem Unendlichen. Spirituell leben, Kevelaer 2011, 125–126; Übers.: Bruno Kern)

Endlichkeit und Wachstumswahn

Diese kleine Parabel, die man als Lehrstück für die Unausweichlichkeit des individuellen Todes lesen könnte, stellt Leonardo Boff in einen weiteren Zusammenhang. Für ihn ist sie Ausdruck des fatalen Wachstumswahns, der unsere natürlichen Lebensgrundlagen vernichtet. Hat diese kollektive „Flucht nach vorn" nicht letztlich zu tun mit der Verdrängung unserer Endlichkeit, mit der Nichtakzeptanz der Begrenztheit unseres Daseins? Erfordert die notwendige Rückkehr zum menschlichen Maß nicht genau diese Einwilligung in unsere Conditio humana als sterbliche und Begrenzungen unterliegende Menschen?

Ein Soldat der antiken Stadt Bassora im heutigen Irak kam voller Angst zum König und sprach zu ihm: „Mein Herr, rette mich, hilf mir, von hier zu fliehen! Ich war auf dem Marktplatz und traf dort den Tod an. Er war ganz in Schwarz gekleidet und schaute mich mit tödlichem Blick an! Leih mir dein königliches Pferd, damit ich schnell weit weg von hier, nach Samarra, reiten kann." Der König entsprach seinem Wunsch. Später traf der König selbst den Tod auf der Straße und sprach zu ihm: „Mein Soldat war zutiefst erschreckt. Er hat mir erzählt, dass du ihn auf äußerst seltsame Art angeschaut hast." „O nein", sagte der Tod. „Ich schaute nur verblüfft drein, weil ich mich fragte, wie dieser Mann wohl so schnell nach Samarra, so weit weg von hier, kommen würde, denn dort habe ich ihn heute Nacht erwartet."

(Leonardo Boff, Zukunft für Mutter Erde. Warum wir als Krone der Schöpfung abdanken müssen, S. 284, © Claudius Verlag, München 2012; Übers.: Bruno Kern)

Das Land der Gerechten

Es war einmal ein Mann, so sagt die Legende, der an das Land der Gerechten und Guten glaubte. In dieser Welt aus Gottes Hand muss es doch ein Land der Gerechten und Guten geben. Und, übrigens, warum sollte es solch ein Land eigentlich nicht geben? In diesem Land würden sich die guten, gerechten Menschen wie alte Freunde lieben, sich wie Geschwister helfen und sich gegenseitig aufnehmen wie Gäste, die müde, hungrig und durstig von einer langen Reise kommen. In diesem Land würde alles schön und heiter sein, angenehm und gut.

Nach diesem Land stand alles Suchen und Trachten des Mannes. Er war ein armer Kerl. Und seine Heimatlosigkeit trieb ihn mal hierhin, mal dorthin. Eines Tages ging es ihm plötzlich auf, dass er alt und müde geworden war. So am Ende war er, dass ihm nichts anderes übrigblieb, als sich hinzulegen und zu sterben. Obgleich er das Land der Gerechten und Guten fortwährend gesucht hatte, hatte er es noch nicht gefunden. Sich selbst zum Trotz nahm er sich ein Herz, lächelte leicht und sagte sich selbst: „Ich habe noch eine kleine Kraft, einen letzten Rest von Kraft. Ich will's noch mal versuchen. Ich mach mich auf in Richtung des Gebirges dort. Da muss doch das Land der Gerechten und Guten sein. Auch wenn ich nicht bis dahin komme, werde ich's von Ferne sehen können, wie Mose das Verheißene Land aus der Ferne gesehen hat." Das Land der Gerechten und Guten war seine einzige Hoffnung.

Es geschah jedoch, dass in der Gegend dort – war's die osteuropäische Rus oder das nordostbrasilianische Dürreland? – ein Mann auftauchte, der als einmalig weise galt. In seinem Gepäck hatte er Bücher, Pläne, Landkarten und Gott weiß welche Dinge mehr, die einem Menschen den Anschein von Weisheit vermitteln.

Der Alte, dessen Augen vor Aufregung funkelten, fragte den Weisen: „Sagen Sie mir, bitte, mein Herr, wo finde ich das Land der Gerechten und Guten?"

Doch der Weise würdigte ihn keines Blickes. Stattdessen griff er nach verschiedenen Büchern und Landkarten, wälzte alles hin und her, steckte seine Finger nervös hier hinein und dort hinein und untersuchte alles haarklein. Schließlich kam er zu dem Schluss: „Das Land der Gerechten und Guten gibt es nicht, mein Lieber. Meine Atlanten sind genau und vollständig. Von einem Land der Gerechten und Guten findet sich da nichts."

Dem Alten verflog der Glanz aus seinen Kinderaugen: „Das darf und das kann doch nicht wahr sein!" Dennoch raffte er sich mit dünner Hoffnung noch einmal auf: „Könnten Sie vielleicht doch noch mal nachsehen, junger Mann? Das Land der Gerechten und Guten muss da sein, ich weiß es. Muss da sein! Wofür hätten Sie denn sonst Ihre Bücher und Landkarten? Und sie wären weniger wert als ein zerbrochener Dachziegel."

Der Weise fühlte sich beleidigt: „Meine Bücher und Karten sollen wertlos sein? Die sind auf dem neuesten Stand der Technik. Dahinter stecken die modernsten fotografischen Techniken, die aktuellsten Satellitenaufnahmen. Von einem Land der Gerechten und Guten finde ich da nichts. Folglich gibt es das auch nicht. Das träumst du nur. Das ist das Hirngespinst eines hinfälligen Alten."

Dem Alten erstarrte der Blick, und er geriet total außer sich: „Was? Ich habe gelebt und gelebt, bin gelaufen und gelaufen, habe gehofft und gehofft und bin nicht müde geworden auf der Suche nach dem Land der Gerechten und Guten. Meine ganzen Kräfte habe ich dafür eingesetzt! Und da kommt so ein dahergelaufener Weiser, der mich nicht einmal ansieht und mehr an Bücher und Atlanten glaubt als an die Träume und Suchbewegungen der Menschen, und will mich glauben machen, dass es das Land der Guten und Gerechten nicht gibt! Das alles soll nur der Traum eines verwirrten Alten sein? So etwas ist schlicht und einfach zu viel."

Voller Zorn schaute er dem Weisen direkt ins Gesicht und sagte beinahe schreiend: „Sie sind ein unverschämter Scharlatan, der den Menschen nur ihre Hoffnungen kaputt macht. Ihr ganzes Wissen besteht doch nur aus Papier und Druckerschwärze. Mit dem Leben hat das nichts zu tun. Nahrung für Träume, hinter denen ja alles Suchen steht, ist das wirklich nicht."

Und er riss ihm seine Texte aus der Hand, warf sie zu Boden, kippte den Tisch um, versetzte ihm einen Hieb und schlug noch dreimal auf ihn ein, und noch einmal und noch einmal, siebenmal schließlich, ohne ihm allerdings etwas zu brechen.

Danach ging er nach Hause, legte sich ins Bett und sagte sich: „Jetzt habe ich's begriffen. Im Sterben lebt man für das ewige Leben und findet man ins Land der Gerechten und Guten ..."

Und er verschied.

Der Tod ist kein Ende. Der Tod ist ein Übergang. Der Tod ist eine Erfindung des Lebens, damit es selbst mehr und besser leben kann. Das Leben ist nicht dazu geschaffen, mit dem Tod zu enden, sondern dazu, sich durch den Tod zu verändern. Im Tod verlassen wir nicht die Erde, sondern dringen nur noch tiefer in sie ein, bis wir uns am Ende im Land der Gerechten und Guten wiederfinden. Und sobald wir es dann erblicken, das Land der Gerechten und Guten, werden wir verzaubert. Und verewigt. Erst dann sollte man sagen, dass wir gestorben sind. Das ist der Eintrittspreis für das Land der Verheißung, das Land der Gerechten und Guten. Wir sterben, um immer und besser zu leben.

(Leonardo Boff, Am Rand des Himmels. Geschichten von Gott und Welt, Düsseldorf 1997, 91–94; Übers.: Horst Goldstein)

Lebensreise

Mit hoher Geschwindigkeit fährt ein Zug seinem Ziel entgegen. Unbeirrt. Wie ein Pfeil durchschießt er die Felder, durchstößt Gebirge und überquert Flüsse. Er gleitet dahin wie ein sich bewegender Faden. Hindernisse kennt er nicht. Er passt in die Landschaft. Die Vollkommenheit selbst, in Form, Farbe und Geschwindigkeit.

Doch drinnen, wie an jedem anderen Ort auch, spielen Menschen ihr Drama. Leute, wie Leute überall sind. Männer und Frauen, alt und jung, Kinder und Greise. Die einen reden, die anderen schweigen. Die einen arbeiten, die anderen träumen. Die einen – ernst – sind auf Geschäftsreise, die anderen – entspannt – schauen in die Landschaft. Die einen haben etwas verbrochen, die anderen waren ihr Leben lang nur anderen behilflich. Die einen denken schlecht von der ganzen Welt, die anderen – sonnenbeschienen – freuen sich über den geringsten Lichtschimmer in jedem Menschen, wie die Umstände auch sein mögen. Die einen finden Bahnfahren herrlich, die anderen abscheulich. Die einen sind gegen die Eisenbahn: „Die Bahn gehört abgeschafft, weil sie die Heiligkeit der Berge verletzt", sagen sie; die anderen entwerfen immer schnellere Bahnen. Die einen sitzen im falschen Zug, die anderen fragen sich erst gar nicht, in der Annahme, sie führen in die richtige Richtung und kämen zur vorgesehenen Zeit in ihrer Stadt auch an. Die einen können die Zeit gar nicht abwarten und rennen in den ersten Wagen, um möglichst noch vor allen anderen anzukommen; die anderen sind gestresst, wollen nichts als Ruhe: „Bloß nicht zu früh ankommen!", und deshalb setzen sie sich in den letzten Wagen. Und, so absurd es klingt, da gibt es noch Leute, die am liebsten aus dem Zug fliehen möchten und deshalb innerhalb des Zuges gegen die Fahrtrichtung laufen.

Doch ungerührt strebt der Zug seinem Ziele zu, so wie die Schienen es vorsehen. Ohne sich um die Differenzen zu kümmern, transportiert er alle. Den Kriminellen ebenso wie den Anständigen. Liebenswürdig, wie er ist, nimmt er auch seine Gegner mit.

Niemandem verweigert er sich. Er dient allen, und allen ermöglicht er eine Reise, die herrlich und glücklich werden kann. Schließlich steht er dazu, seine Passagiere in die Stadt zu bringen, die auf dem Fahrschein vermerkt ist.

Doch in diesem Zug fahren alle umsonst. Hat er sich einmal in Bewegung gesetzt, kommt niemand mehr heraus. Von Flucht kann keine Rede mehr sein. Alle sind der Logik des Zuges ausgeliefert. Freiheit gibt es nur innerhalb des Zuges und in Fahrtrichtung. Man kann vorwärts oder rückwärts laufen, sich in einem anderen Wagen niederlassen, sitzen oder stehen, sich eine Zeitlang im Speisewagen aufhalten oder sich vor dem Kontrollpersonal in der Toilette verstecken. Man kann die Landschaft genießen oder sich über die Nachbarn im Abteil ärgern. Man kann während der Reise beten oder das Leben mit seinen Widrigkeiten verfluchen. Aber nichts kann den Zug davon abhalten, unfehlbar seinem Ziel zuzustreben und zuvorkommend alle an ihr Ziel zu bringen.

Es gibt Menschen, die die Bahn entschieden unterstützen. Sie sind froh darüber, dass es so etwas überhaupt gibt. Sie genießen die Landschaft. Sie schließen Freundschaft mit Leuten, die sie unterwegs kennenlernen. Wo immer sie sitzen, möchten sie, dass sich alle wohlfühlen. Es ärgert sie, wenn irgendjemand die Sitze zerstört, und sie nehmen den ins Gebet, der langweilige Liebesbotschaften an die Wände der Abteile schreibt. Aber trotz der Querelen und trotz des Ärgers vergessen sie den Sinn der Reise nicht.

Herrlich, dass es solch einen Zug gibt, der uns umgehend nach Hause bringt, wo jeder und jede sehnsüchtig erwartet wird, wo sich alle minutenlang in den Armen liegen werden und wo die schallende Freude kein Ende haben wird.

Die Gnade Gottes – Gottes Barmherzigkeit, Güte und Liebe – in der Welt ist wie ein Zug. Ziel der Fahrt ist Gott. Und auch der Weg ist Gott, weil ja der Weg nichts anderes ist als das Ziel, insofern es Meter für Meter Wirklichkeit wird. Nur wegen des zu erreichenden Zieles gibt es den Weg. Wer hunderttausend Meter hinter sich bringen muss, um in seine Stadt zu gelangen, muss zunächst mit dem ersten Meter beginnen. Andernfalls wird er, wird sie nie die hunderttausend bewältigen.

Die Gnade trägt alle. Allen wird sie als Chance einer guten, ja einer hervorragenden Reise zuteil. Auch Quertreibern, Intriganten und Gegnern des Zuges, der Menschen und Gottes. Man mag die Bahn in Abrede stellen, aber verändern wird man sie nicht. So ist es auch mit der Gnade. Allein der Mensch verändert sich. Allein der Mensch macht seine Reise kaputt. Ungeachtet dessen trägt ihn der Zug genauso, mit derselben Zuvorkommenheit. Gott, der ja Gnade und Barmherzigkeit ist, macht es wie die Sonne und der Regen. Ohne zwischen Guten und Bösen, zwischen Gerechten und Ungerechten zu unterscheiden, scheint die Sonne und fällt der Regen auf „Undankbare und Böse".

Zu dem Zug ja sagen, auf das Ziel, dem er entgegenrollt, sich freuen, in Fahrtrichtung laufen, sich den Reisegefährten zugesellen, mit solchen Gesten nimmt man das Fest der Ankunft schon vorweg. Unterwegssein ist bereits zu Hause ankommen. Und das ist Gnade. Gnade ist „Ehre in der Verbannung, Ehre, die die Gnade in der Heimat ist".

Die Bahn sabotieren, den anderen die Reise vergraulen, sich selbst betrügen und gegen die Fahrtrichtung laufen, alles das bringt nur Frustration und führt zu nichts. Geduldig und gütig, trägt und befördert der Zug auch die Frustrierten.

Das Leben ist großzügig gegen alle. Von Zeit zu Zeit offenbart es uns seine geheime Wahrheit. Es holt uns auf den Teppich der Wirklichkeit. In solchen Momenten – und jeder Mensch hat den ihm zugedachten Moment – geht, wer störrisch ist, in sich und entdeckt, dass er, dass sie auf liebenswerten und nichts als Dank verdienenden Händen getragen wird. Widerstand und Auflehnung sind zwecklos. Ob man will oder nicht, der Zug reißt einen mit. Das Vernünftigste ist, auf den Ruf seiner Natur zu hören und sich durch die Chance einer glücklichen Reise verführen zu lassen.

Wer so handelt, in dem bzw. in der erlischt die Hölle und tut sich stattdessen glorreich der Himmel auf, Gottes menschenfreundliche Gnade. Er oder sie wird dann gewahr, dass der Zug, dass alles, ja dass die Gnade Gottes selbst Gnade ist. Jetzt kann er, kann sie sich dem Abenteuer mit Gott hingeben, und das hat kein Ende.

Und du, Leser und Leserin, wie reist du?

(Leonardo Boff, Am Rand des Himmels. Geschichten von Gott und Welt, Düsseldorf 1997, 148–152; Übers.: Horst Goldstein)

Die Weisheit des Kosmos

„Wir sind die Erde, die empfindet und liebt!" Mit dieser Schlüsselaussage macht Leonardo Boff deutlich, dass die Erde nicht einfach eine Bühne für den Auftritt des Menschen ist, sondern dass wir Bestandteil eines komplexen Geflechts von Beziehungen sind, die das Leben auf der Erde und den Prozess der Entstehung des Kosmos selbst ausmachen. Im menschlichen Bewusstsein kommt die großartige Entwicklung des Kosmos seit dem Urknall zu sich. Boff kommt das große Verdienst zu, die Befreiungstheologie zu einer Ökotheologie der Befreiung weiterentwickelt zu haben. Vor allem in seinem grundlegenden Werk „Befreite Schöpfung", das er zusammen mit dem kanadischen Ökologen Mark Hathaway verfasst hat, arbeitet er umfassend die Ergebnisse der neueren Naturwissenschaften auf. Er zeigt, dass der Prozess der Entwicklung des Kosmos selbst einen Sinn offenbart, dass unser Geist, unsere Liebesfähigkeit und unser Empfinden im Kosmos tief verankert sind. Unser eigenes Bemühen um die Erhaltung unserer Lebensgrundlagen und ein solidarisches Zusammenleben hat seine Grundlage in den Sinnstrukturen, die ins kosmische Geschehen selbst eingewirkt sind. Als Leitfaden für dieses faszinierende Werk haben Boff und Hathaway den alten Text des Tao Te King gewählt. Jedem Kapitel stellen sie einen Ausschnitt daraus voran, und in dieses Tao soll deshalb auch diese Textsammlung münden.

Bäume umarmen

In China kann man allenthalben beobachten, dass die Leute, vor allem ältere Leute, frühmorgens in Parks und Gärten Bäume in die Arme nehmen. Manche drücken sie dabei richtig. Andere lehnen sich mit dem Rücken gegen die Bäume und stützen den ganzen Körper, so weit wie möglich, gegen den Stamm. Die geöffneten Hände legen sie auf die Rinde oder auf die Blätter und konzentrieren den Blick dabei, als wollten sie beten. Es heißt, bis zehn Uhr des Morgens strahlten die Bäume vitale Energien aus, die sie des Nachts gesammelt hätten; und diese verhülfen den Kraftzentren der Menschen dann zu neuer Lebendigkeit.

Vor Jahren hatte ich die Gewohnheit, morgens in dem Wald in der Nähe unseres Hauses spazieren zu gehen. Ich wollte es den Chinesen und Chinesinnen gleichtun und umarmte die Bäume. Im Laufe der Zeit gewöhnte ich mir das richtig an und verliebte mich gar in einige der Bäume dort. Wenn ich heute dahin gehe, betrachte ich die Bäume zärtlich und sage ihnen mitunter sogar ein paar liebevolle Worte.

Doch mittlerweile habe ich zwei geliebte Bäume, mit denen ich sozusagen eine Lebensgemeinschaft eingegangen war, schon verloren. Einer davon stand genau vor meinem Fenster. Ein herrlicher Baum! Mit seinem runden, wiegenden Wipfel hatte er den Wald überragt. Ich hatte ihn in mein ganzes vielfältiges Suchen, Denken und Schreiben förmlich eingeweiht. Doch eines Tages brach ein fürchterliches Unwetter über unserer Stadt aus. Blitze zerschnitten den Himmel, Regen schlug erbarmungslos gegen die Fenster, und der Wind heulte böse und verursachte gewaltige Schäden an den Bäumen des Waldes. Die gewaltige Krone meines Baumes wurde um die eigene Achse gewirbelt und binnen eines Augenblicks von ihrem Stamm abgedreht. In meinem Innern zerbrach etwas. Stehen blieb der abgebrochene, glatte Stamm, wie ein Phallus in Erwartung seiner Ergänzung.

Der andere Baum stand frei auf der Höhe des Gebirges. Auch er hatte eine riesige Krone, wie gemalt. Sie ruhte auf einem zweigeteilten Stamm. Allein beherrschte der Baum das ganze Viertel, das freilich nichts anderes als eine enorme Favela war. Der Weg, der mich zur Arbeit führte, ging von Ferne an ihm vorbei. Aber immer konnte ich ihn aus verschiedenen Winkeln und Positionen sehen. Nie habe ich es unterlassen, ihn zu begrüßen und ihn denen, die bei mir im Wagen saßen, vorzustellen. Doch eines Tages wurde auch er Opfer eines fürchterlichen Unwetters mit verheerenden Wirbelstürmen. Auch dieser Baum, an dem ich so hing, musste seine Krone hergeben. Heute steht an der Stelle nur noch der vereinsamte Stamm, als wollte er die geheimnisvolle Kraft der Natur anklagen.

Wie an alte Liebesaffären, so muss ich immer an meine Bäume denken. Sie sind in mir gewachsen. Sie wurzeln in meiner Seele. Sie leben in mir und durch mich. Inzwischen habe ich aber schon wieder andere gefunden, in die ich mich wohl erneut verlieben werde und die mir wohl bald zum Lebenspartner werden.

Ich zweifle nicht mehr daran, dass in der Gebärde der Chinesen eine Wahrheit steckt und dass Bäumen eine neubelebende Kraft eignet. Aber Vorsicht! Bäume wollen zunächst erobert und verführt werden. Andernfalls geben sie ihre Geheimnisse nicht preis.

Eines Morgens brach ein besonders durchsichtiger Tag an. Tagelang hatte es ununterbrochen geregnet. Ich beschloss, mal wieder in den Wald zu gehen. Die Bäume glänzten wie Frauen, die duftend aus dem Bad kommen und die Vitalität in Person zu sein scheinen. Ich umarmte den einen Baum, streichelte den anderen und hielt mich bei wieder einem anderen auf, den ich mit meinen Umarmungen schon als Freund gewonnen hatte und dessen Stamm sich mit seinen vielleicht dreißig Metern wie geballte Energie in die Höhe erhob. Dennoch konnte ich ihn ganz umfassen. Am Anfang umarmte ich den Baum voller Liebe, als wollte ich ihn aus seiner Selbstverschlossenheit locken. Dann drückte ich ihn vernehmlich. Und am Ende wandte ich meine ganze Kraft auf, als wollte ich ihn bei der Begegnung erdrücken. Doch schließlich fand ich den Rhythmus, der mir für einen Akt der Gemeinschaft geeignet erschien.

Die Füße standen auf seinen Wurzeln; Gesicht, Brust, Bauch, Geschlechtsteile und Beine hatte ich an seinen Stamm gepresst; und die Arme mit den geöffneten Händen umarmten ihn zärtlich. So stand ich da eine ganze Weile.

Als Erstes spürte ich meine eigene Atmung. Die Luft, die ich da ein- und ausatmete, brachte mich in ganz feine Fühlung mit der universalen Energie. Danach versuchte ich, mein Blut wahrzunehmen, um so mit dem Blut des Baumes in Einklang zu kommen, das heißt mit seinem Saft, der ja alles durchdringt. Ganz allmählich wurde ich selbst Baum. Der Kopf wurde zur Krone, die Haare wurden zu Blättern, der Rumpf zum Stamm, die Arme zu den zahllosen Zweigen und die Füße zu Wurzeln, die sich in den Boden senken. Ich fühlte eine wohltuende Energie vom Himmel herabkommen und von der Erde aufsteigen und mein ganzes Sein mit Kraft erfüllen. Mit einem Mal hatte ich das Empfinden, gar nicht mehr ich zu sein. Ich war zu purer kosmischer, vitaler Energie geworden. Der Baum war ich. Ich war der Baum.

Ich weiß nicht mehr, wie lange die Erfahrung aufgehobener Dualität gedauert hat. Auf jeden Fall: Als ich wieder zu mir kam, schien es mir, als tauchte ich aus einer großen Versenkung auf. Mir fehlte die Orientierung. Wo war ich denn? Wer war ich überhaupt? Und: Was war passiert in diesem Traum ohne Schlaf? Ich war wie gelähmt. Aber tief versöhnt und heiter.

Ich spürte den Baum ganz nahe bei mir, wie ein geliebtes Wesen. Ich betrachtete ihn von oben nach unten, als wollte ich ihn in Liebe besitzen. Spontan sagte ich zu ihm: „Baum, meine Schwester, erzähl mir von der Energie, die dich besitzt! Rede mir von der Kraft, die dich bewohnt! Zeig mir dein tellurisches und uranisches Geheimnis! Haften denn deine Wurzeln nicht in der Erde, und erhebst du denn dein Haupt nicht bis in den Himmel? Erzähl mir von dir!“ Mehrere Male wiederholte ich die Bitte. Jedes Mal zärtlicher als das Mal davor.

Bäume mögen es, mit schmeichelhaften Worten und verzaubernden Intonationen verführt zu werden. Aber sie geben sich – vergleichbar den Frauen – nur hin, wenn sie spüren, dass das Wort kein Akt der Verführung ist, sondern Anspielung auf Gemeinschaft und Zärtlichkeit.

Also sprach ich den Baum weiter an, mit immer zärtlicherer und leiserer Stimme, wie wenn jemand dem Partner oder der Partnerin ganz Liebes sagen will. Als ich meine eigene Stimme fast schon nicht mehr hörte – denn inzwischen war ich nur noch Wille zur Gemeinschaft mit dem Baum –, da begann er, mir zu antworten. Freilich in der Art und Weise, in der Bäume sich mitteilen und die allein das Gefühl der Gemeinschaft zu deuten vermag.

Die Blätter fingen samt und sonders an, sich zu bewegen. Langsam anfangs. Dann heftiger. Und schließlich war es ein Ozean von Blättern, der sich da bewegte, wie Wellen, die kommen und gehen, wie Sturzbäche, die rauschen und brausen, während sich die Sonne in ihnen in Lichtbündeln brach. Am Ende war es die ganze Krone, die den Kopf wiegte, mal nach vorn, mal nach hinten, mal im Kreis, als wollte sie sagen, dass ihr das alles sehr gefalle.

Und ich ermunterte den Baum liebevoll: „Rede, Schwester! Sing, Geliebte! Lächle, meine Liebe! Sag mir alles!“ Und dann in der Sprache meiner Mutter: „Dime tutto, tutto!“[23]

Und dann geschah etwas Wunderbares. Der Baum hüllte sich ganz mit Blüten ein. Zunächst mit weißen und dann mit rosa, gelben, orangen und roten Blüten. Und schließlich mit Blüten in allen Farben.

Und ich wiederholte: „Geliebtes Schwesterchen, dime tutto, sag mir alles, wirklich alles. Sag mir was von dir! Gib mir deine Gegenwart kund, gib mir dein Geheimnis preis!“

Da begannen die Blüten von den Zweigen zu fallen, wie Kaskaden von zerstückelten Sonnen, in Gold und Silber. Die Sonne mutete an wie eine Rosette in einer Kathedrale. Und oben in dem Gewirr von Ästen und Zweigen allenthalben Früchte, Früchte und nochmals Früchte.

---

23 Die Eltern Leonardo Boffs stammen aus Venetien. Der venetianische Dialekt ist also seine Muttersprache, die er mit seinen Geschwistern immer noch pflegt.

Ich schloss die Augen, um das alles besser zu sehen. Und so verharrte ich, lange, eine ganze Zeit. Der Baum fing an, in mir zu wachsen. Die Düfte der Blüten und die Geschmackstönungen all der Früchte durchströmten mich. Ich war nicht mehr ich. Ich selbst war zu Blättern geworden, die lächelten, zu Blüten, die sprossen, und zu Früchten, die barsten. Erneut war ich Baum geworden.

So verblieb ich eine Ewigkeit, hingerissen in der Zeit ohne Folge. Mein Geist, völlig entleert, stand in Einklang mit Erde und Himmel. Alles Weitere ist unaussprechbar.

Wenn ich heute an der Stelle vorbeikomme, spüre ich noch immer, dass dort ein sakramentaler Ort ist. Voller Axé[24], Mana und göttlicher wie erdhafter Gnade. Ein leichter Schauder durchfährt den ganzen Körper, meinen wie den des Baumes. Wir sind eine kosmische Ehe eingegangen. Wir werden uns nie mehr trennen.

Das Fantastische ist Teil des Realen. Und was real ist, will sich auch stets zum Ausdruck bringen. Wer sich auf die Energien einlässt, die seit fünfzehn Milliarden Jahren im All am Werk sind und die auch in der Tiefe eines jeden von uns gären, oder wer den Schamanen geweckt hat, der seit Jahrhunderten in uns schläft, der und die versteht alles und bedarf keiner weiteren Erklärungen.

Solltest du dich, Leser und Leserin, mal richtig leer fühlen, ganz weit weg von dir selbst, ausgelaugt von all den Sorgen, Verpflichtungen und Schrecken des Lebens in der Stadt, dann suche die geheime Kraft der Bäume. Geh zu dem Baum, der dich immer schon beeindruckt hat und den du, bewusst oder unbewusst, immer schon gemocht hast. Er weiß von deiner Zuwendung zu ihm. Nähere dich ihm, wie jemand, der seiner oder seinem Geliebten süße Worte ins Ohr flüstert. Bäume sind genauso wie wir Menschen, haben Kopf, Rumpf, Glieder, Füße und Blut bzw. Saft.

---

24 *Axé:* In der afrobrasilianischen Kultur geistige Ausstrahlung, spirituelle Kraft, mitreißendes Charisma zunächst aller sakralen, einem *Orixá* (einer Gottheit) zugeordneten Objekte, dann aber insgesamt auch anderer Gegenstände, Orte und Personen.

Natürlich haben sie auch ein Herz, das heißt ihre Identität, ihre ganz spezifische Art ebenso wie ihr Geheimnis, dass sie gerade dort stehen und gerade so leben.

Dabei solltest du immer mit dem Atmen beginnen. Die Atmung erinnert dich an die schamanische Dimension; denn die Atmung bringt dich in Fühlung mit den kosmischen Energien. Und dank ihnen dringt der Heilige Geist in dich ein, der *Spiritus semper creator,* der Geist, der noch immer mit der Schöpfung befasst ist und der uns mit Begeisterung erfüllt.[25] So rühren wir an den Gott in uns, an die Glut, die unentwegt brennt. Die Atmung stellt eine Brücke her zwischen dir, dem Baum und dem Geist. Eine kosmische Ehe solltest du feiern. Umarme ihn, streichle ihn, sag ihm liebevolle Worte, lass dich auf eine Gemeinschaft mit ihm ein. Bis du dann selbst Baum wirst.

Am Ende wirst du nichts als heiter und be-geist-ert sein. Du wirst sehen, dass ein Gott in dir Wohnung genommen hat. Du wirst spüren, dass du übergehst von dem Gott, den du hast, zu dem Gott, der du ganz tief in deinem Innern bist, dort, wo wir allesamt Geheimnis sind. Und das ist ja der eigentliche, der wahre Name für Gott.

Wenn Gott für uns ist, wer kann dann gegen uns sein? Brüder und Schwestern, ich habe gesehen, gefühlt und erfahren und bezeuge, dass das Fantastische real und dass das Reale fantastisch ist.

(Leonardo Boff, Am Rand des Himmels. Geschichten von Gott und Welt, Düsseldorf 1997, 99–106; Übers.: Horst Goldstein)

---

25 Vgl. dazu: Leonardo Boff, Der Heilige Geist. Feuer Gottes – Lebensquell – Vater der Armen, Freiburg i. Br. 2014

Der kosmische Christus

Zum Thema „kosmischer Christus hat Leonardo Boff ein sehr inspirierendes Buch geschrieben, das nicht nur eine gründliche Exegese der entsprechenden paulinischen Texte bietet, sondern vor allem das Gespräch mit den modernen Naturwissenschaften sucht: Leonardo Boff, In ihm hat alles Bestand. Der kosmische Christus und die modernen Naturwissenschaften, Kevelaer 2013.

Im 4. Jahrhundert war kraft der Festschreibung durch die zentralen Obrigkeiten des Christentums längst entschieden, welche heiligen Texte als kanonisch und welche als nichtkanonisch zu gelten hätten. Dabei hatte man sich auf das festgelegt, was heute das Neue Testament heißt: die vier Evangelien, die verschiedenen Briefe und die Offenbarung. Was es sonst an Schriften gab, wurde als „Apokryphen" (nicht anerkannte Bücher) eingestuft. Die Folge war, dass viele dieser Texte verbrannt, andere aber in Klöstern und Höhlen versteckt wurden. Letztere gingen unter dem einfachen Volk um und verliehen dem sich entfaltenden Glauben einen folkloristischen Charakter.

Im Norden Ägyptens, in Alexandrien, stand gerade die fortschrittlichste Kirche des gesamten Altertums in Blüte. Geführt wurde sie jedoch von einer Reihe strenger, autoritärer Bischöfe. Diese meinten, über die Lehre wachen zu müssen, die sich aus dem Dialog zwischen griechischer Philosophie platonischer und neuplatonischer Prägung einerseits und der jungen Pflanze des Christentums andererseits entwickelte. Im Jahr 367 veröffentlichte der konservative Bischof Athanasius von Alexandrien ein Dekret, mit dem alle Schriften verdammt wurden, die nicht die offizielle Anerkennung durch die Hierarchie hatten. Viele christliche Texte, vermutlich apostolische Briefe und nicht förmlich anerkannte Evangelien, landeten auf dem Scheiterhaufen.

Doch einsichtige Mönche schrieben die inkriminierten Texte zuvor noch ab und füllten damit dreizehn in Leder gefasste Bände. Diese gaben sie in einen luftdicht verschlossenen Tonkrug, den sie an der trockensten Stelle, die sie überhaupt finden konnten, verbargen: bei einem Felsengefängnis in Chenoboskion, nahe der heutigen Kreisstadt Nag Hammadi am linken Nilufer. Offensichtlich handelte es sich dabei um Texte, die aus dem Griechischen ins Koptische übersetzt worden waren. Koptisch ist die Sprache, welche die Christen damals in Ägypten sprachen.

Unter den Abschriften fand sich auch das berühmte Thomasevangelium, das man bisher nur aus Zitaten einiger Autoren des 2. Jahrhunderts kannte, dessen Manuskripte indes vermutlich verloren gegangen waren. Kein Mensch kannte oder zitierte es mehr.

Bei Grabungsarbeiten an den genannten Felsen in Nag Hammadi fanden Bauern 1945 die besagten Handschriften, insgesamt mehr als tausend Pergamentseiten, auf denen die Mönche auch das vielgesuchte Thomasevangelium festgehalten hatten. In der Fachwelt brach helle Begeisterung aus, denn der Fund enthielt nicht nur die aus den kanonischen Evangelien bereits bekannten Sprüche Jesu, sondern auch gänzlich unbekannte, aber deshalb nicht minder tiefgehende und schöne Worte, die auf den historischen Jesus selbst hätten zurückgehen können. Insgesamt beinhaltet das Evangelium 114 Sprüche Jesu – sogenannte Logia –, ohne ersichtliche Ordnung aneinandergereiht, eines nach dem anderen. Eines dieser Logia hat eine große Aussagekraft und verdeutlicht, was wir weiter unten erzählen wollen. Es geht um das berühmte Logion 77, das wie folgt lautet:

Ich bin das Licht, das über allem ist.
Ich bin das All:
Das All ist aus mir hervorgegangen,
und das All ist zu mir zurückgelangt.
Spaltet ein Holz, und ich bin da.
Hebt den Stein auf,
und ihr werdet mich dort finden.

Was hier zum Ausdruck kommt, ist die kosmische Allgegenwart Christi. Alles – ob Holz, ob Stein – ist durchdrungen von der Präsenz des Herrn. Alles wird zum potenziellen Sakrament Christi. Was die Evangelien sonst in allgemeiner Form sagen: „Ich bin bei euch alle Tage bis zum Ende der Welt" (Matthäus 28,20), hüllt Thomas in eine plastische Sprechfigur. In den Steinen wie in den Sternen, in den Tieren wie in den Trieben der Bäume, im All wie in den Menschen, namentlich jedoch in den Armen und Unterdrückten ist der Herr auf unbeschreibliche Weise zugegen.

Wenn Thomas von der kosmischen Dimension des Christus spricht, bezieht er sich selbstverständlich nicht auf den fleischgewordenen Jesus. Denn die Inkarnation bringt keine kosmische Allgegenwart mit sich; Inkarnation bedeutet Begrenzung auf *diese* Zeit (unter Kaiser Augustus) und auf *diesen* Raum (in Palästina). Thomas hat den auferweckten Herrn im Auge. Die Auferstehung revolutioniert die Evolution. Der Auferweckte durchbricht alle Grenzen, er wohnt in allen Zeiten und an allen Orten, er erfüllt alles, ja er ist das Pleroma, das heißt, wie Paulus in der Diktion der Gnostiker sagen würde, er ist die unüberbietbare Fülle.

Dank der Auferweckung hört Jesus auf, ein Mann aus Palästina bzw. aus dem Mittelmeerraum zu sein; dank der Auferweckung wird er zum universalen, zum kosmischen Menschen. Im Gedanken an die Auferstehung sagt Paulus deshalb zu Recht, jetzt sei Christus der „novissimus Adam – der ganz neue Adam", will sagen: der Mensch, der soeben in all seiner Fülle geboren wurde, nachdem er den langen Weg der Kosmogenese und der Anthropogenese Schritt für Schritt hinaufgestiegen ist. Und das ist das große Anliegen des Christentums: zu bezeugen, dass jemand von unserer Rasse das Ziel der Geschichte und den Höhepunkt der Evolution bereits erreicht hat.

(Leonardo Boff, Am Rand des Himmels. Geschichten von Gott und Welt, Düsseldorf 1997, 122–125; Übers.: Horst Goldstein)

Feier der Mutter Erde

Diese Meditation Leonardo Boffs ist inspiriert von Pierre Teilhard de Chardin (1881–1955), dem großen Naturwissenschaftler (Paläontologen) und Theologen des Jesuitenordens, der in einer großartigen denkerischen Synthese den christlichen Glauben mit einem evolutiven Weltbild versöhnte. Für Teilhard lassen sich im Evolutionsgeschehen aufsteigende Sinnlinien erkennen hin zu immer mehr Bewusstheit, Interiorität (also Innerlichkeit, Selbstgegebenheit), Freiheit und Gemeinschaftsfähigkeit. Die Evolution mündet schließlich ein in den „Punkt Omega", für Teilhard Christus selbst. Die gesamte Materie in ihrem Prozess auf diesen Zielpunkt hin ist deshalb für ihn „christisch", also bestimmt und durchdrungen von ihrem letzten Ziel und deshalb durchscheinend („diaphan") auf Christus hin. Als Teilhard im Jahr 1924 auf einer Forschungsreise in China in der Ordos-Wüste am Fest der Verklärung Christi weder Brot noch Wein zur Verfügung hatte, um die Eucharistie zu feiern, brachte er symbolisch die gesamte Materie des Universums zum Opfer dar (s. Literaturverzeichnis). Leonardo Boffs Theologie war von Anfang an stark von Teilhard inspiriert. Seine eigene Ökotheologie der Befreiung lässt sich als Weiterentwicklung der mystischen Theologie Teilhards verstehen.

Am Weltumwelttag saß ich allein in einer Ecke des Gartens, von wo aus ich alles sehen konnte, ohne selbst gesehen zu werden. Ich wurde ergriffen von der Majestät der Berge, die wie eifrige Wächter mein Haus beschützen, und von dem tiefen Blau des Morgenhimmels.

Da ergriff mich die Sehnsucht, wie früher die Eucharistie zu feiern. Der Horizont war der Altar. Die ganze Erde war das heilige Brot. Der Kelch wurde von zwei Bergen repräsentiert, die eine V-förmige Öffnung bildeten. Ich las einige Texte aus der Heiligen Schrift. Ich meditierte einige Psalmen, die die Größe der Schöpfung preisen. Ich erinnerte mich an die Messe über die Welt, die

Pierre Teilhard de Chardin in einer Wüste in China ohne Brot und Wein zelebrierte. Auf der Patene des Horizonts brachte ich das gesamte Universum als Opfergabe dar – das Universum mit seinen Galaxien, seinen Myriaden von Sternen und seinen unzähligen Planeten.

Dann kam der mystische und geheimnisvolle Augenblick der Konsekration. Da sprach ich – meine Hände zitterten angesichts der kosmischen Energie, die das gesamte Universum durchströmt, und meine Lippen brannten vom Feuer der heiligen Worte – voll großer Ehrfurcht:

Meine geliebte Erde, Große Mutter und Gemeinsames Haus, endlich ist für dich die Stunde gekommen, dich mit der Quelle allen Seins und allen Lebens zu vereinen. Du bist vor Abermillionen Jahren geboren, du gingst schwanger mit schöpferischen Energien, um nach und nach diesen Moment zu erreichen. Dein Leib, der aus kosmischem Staub geformt ist, war ein Same im Mutterschoß der großen roten Sterne, die später explodierten und dich ins grenzenlose All hinausschleuderten. Du konntest dich im embryonalen Stadium im Mutterschoß einer alten Sonne im Inneren der Milchstraße einnisten, die sich dann in eine Supernova verwandelte. Und auch sie erlag so vielem Glanz. Sie explodierte, und ihre Elemente wurden in alle Richtungen ins Universum hinausgeschleudert.

Du gelangtest schließlich in den aufnehmenden Schoß eines Nebels, um dort eine Heimat zu suchen. Der Nebel verdichtete sich, wurde zu unserer heutigen Sonne, strahlend vor Licht und Wärme. Sie verliebte sich in dich, zog dich an sich und lud dich zusammen mit Mars, Merkur, Venus und den anderen Planeten in ihr Haus ein. Sie feierte schließlich Hochzeit mit dir. Und aus dieser deiner Ehe mit der Sonne entstanden Söhne und Töchter. Sie entsprangen deiner grenzenlosen Fruchtbarkeit und sie reichen von den allerkleinsten wie etwa den Bakterien, Viren und Pilzen bis zu den größten und komplexesten Lebewesen. Als edle Ausdrucksgestalt der Geschichte des Lebens brachtest du uns Men-

schen, als Mann und Frau, mit Bewusstsein, Intelligenz und Willen begabt, hervor.

Durch uns, geliebte Erde, fühlst du, denkst du, liebst du, sprichst du und verehrst du. Und obwohl du schon erwachsen bist, wächst du weiter im Inneren des Universums auf Gott zu, den Vater und die Mutter von unendlicher Zärtlichkeit. Von ihm kommen wir her und zu ihm kehren wir zurück, und was uns an Vollkommenheit fehlt, kann nur er ergänzen und in Überfülle geben. Oh Gott, wir wollen in dich eintauchen und ein für allemal mit dir sein, in Gemeinschaft mit der Erde. Nun, geliebte Erde, vollziehe ich in der Kraft des Geistes Jesu das, was er selbst getan hat. Wie er, der gesalbte, nehme ich dich in meine unreinen Hände, um das heilige Wort über dich zu sprechen, das im Universum verborgen liegt und das du so sehr zu hören ersehnst.

Hoc est enim corpus meum, dies ist mein Leib. Hoc est sanguis meus, dies ist mein Blut. Und dann fühle ich, dass das, was Erde war, sich in ein Paradies verwandelt hat, und das menschliche Leben in göttliches Leben verwandelt wurde. Was Brot war, wurde heiliges Blut. Endlich, Erde, bist du zusammen mit deinen Söhnen und Töchtern bei Gott angekommen, nimmst an seiner Gottheit teil. Endlich zu Hause.

Tut dies zu meinem Gedächtnis. Deshalb erfülle ich immer wieder den Auftrag des Herrn. Ich spreche über dich, geliebte Erde, und über das gesamte Universum das entscheidende Wort. Und zusammen mit dem Universum und mit dir empfinden wir uns als Gottes Leib, im vollen Glanz seiner Herrlichkeit. Amen. Amen.

(Leonardo Boff, Die Erde ist uns anvertraut. Eine ökologische Spiritualität, Kevelaer 2010; Übers.: Bruno Kern)

Gebet der Sioux

Die nordamerikanischen Sioux-Indianer bringen in folgendem Gebet ihre erstaunliche Verbundenheit mit anderen Geschöpfen zum Ausdruck. Hintergrund ist folgender: Zu bestimmten Anlässen essen die Sioux eine bestimmte Bohnensorte. Sie wächst im Boden und ist für die Menschen schwer zu ernten. Deshalb bedienen sich die Sioux bei den leichter erreichbaren Vorräten, die eine bestimmte Art von Präriemaus für den Winter anlegt. Die Sioux fühlen sich offenbar schuldig, wenn sie die Wintervorräte dieser Maus plündern. Sie ersetzen deshalb die entnommenen Bohnen durch Speck und Mais und sprechen dazu ein bewegendes Gebet:

Du, kleine Präriemaus, bist heilig. Hab Erbarmen mit mir. Du bist zwar schwach, aber immerhin stark genug, um deine Arbeit zu tun, denn du bist erfüllt mit heiligen Kräften. Und du bist weise, denn die Weisheit der heiligen Kräfte ist deine ständige Begleiterin. Ach, könnte ich selbst doch weise sein in meinem Herzen, damit dieses düstere und verwirrende Leben in unvergängliches Licht verwandelt würde!

(Leonardo Boff, A força da ecologia interior, unveröffentlichtes Manuskript, 16. Januar 2009: www.leonardoboff.com; Übers.: Bruno Kern)

Das Tao der Befreiung

Wir haben uns dazu entschlossen, das *Tao Te King*, einen antiken chinesischen Text, der etwa vor 2500 Jahren geschrieben worden ist, als Quelle der Inspiration für dieses Buch[26] zu benutzen. Der Text wird in der Überlieferung Lao Tse zugeschrieben, einem Weisen, der von etwa 551 bis 479 v. Chr. gelebt haben soll. Doch die meisten Gelehrten meinen, dass er in Wirklichkeit eine Sammlung von Sprüchen aus der Überlieferung aus einer Vielzahl von Quellen ist. Der Text wurde vermutlich zwischen dem siebten und zweiten Jahrhundert v. Chr. verfasst.

Jonathan Star zufolge können wir die Bedeutung des Titels *Tao Te King* folgendermaßen verstehen:

Tao ist die höchste Wirklichkeit, das alles durchdringende Substrat; es ist das ganze Universum und die Art und Weise, wie das Universum wirkt. *Te* ist die Gestalt und Macht von Tao; es ist die Art und Weise, wie sich das Tao zeigt; es ist das Tao, das sich in einer Form oder Kraft konkretisiert. Tao ist die transzendente Wirklichkeit; Te ist die immanente Wirklichkeit. King meint ein Buch oder ein klassisches Werk. Also meint Tao Te King wörtlich „Das klassische Buch der höchsten Wirklichkeit (Tao) und seiner vollkommenen Erscheinung (Te)", „Das Buch des Weges und seiner Kraft", „Das klassische Buch von Tao und seiner (moralischen) Kraft."[27]

Nach der Bibel ist das Tao Te King der am stärksten verbreitete Text der Welt. Es gibt unzählige Übersetzungen davon, einige eher wissenschaftliche und am Wortsinn orientierte, andere eher poetische. Das alte Chinesisch ist eine Begriffssprache. Deshalb ruft jedes Wort des Textes tatsächlich eine Menge Bilder ins Bewusstsein, die in vielfacher Weise übersetzt werden können. Des-

---

26 Boff, Leonardo / Hathaway, Mark, Befreite Schöpfung. Kosmologie – Ökologie – Spiritualität. Ein zukunftsweisendes Weltbild, Kevelaer 2016.

27 Star, Jonathan, Tao Te King. The Definitive Edition, New York 2001.

halb gelingt es keiner Übersetzung, den gesamten Atem oder die Tiefe des Textes ganz zu erfassen. In gewissem Sinne ist jede Übersetzung eines solchen Textes eine Art der Interpretation, und keine liefert uns das vollständige Bild dessen, was darin ausgesagt wird.

Da wir keinerlei Art von akademischer Abhandlung über den Text verfassen wollen, haben wir uns dazu entschlossen, auf eine Vielfalt von Übersetzungen zurückzugreifen; die meisten davon sind eher poetischer Natur. Diese fügten wir zu einer Version zusammen, die gut zu dem Kapitel passt, dem ein bestimmter Textabschnitt als Einleitung dient. Hierfür haben wir die Übersetzungen von Mitchell (1988), Muller (1997) sowie Feng und English (1972) benutzt und dabei die hervorragende wörtliche Übersetzung von Jonathan Star in Gemeinschaft mit C.J. Ming als allgemeinen Leitfaden herangezogen.[28]

Es gab etwas, gestaltlos und vollkommen,
chaotisch und vollendet zugleich.
Es war da, noch vor Himmel und Erde.
Still, endlos, leer und einsam,
alles durchdringend, stets in Bewegung,
alles in seinem Dasein haltend, und dennoch nie erschöpft.
Es ist die Mutter des Kosmos.
Da ich keinen besseren Namen weiß,
nenne ich es das Tao.

Es fließt durch alle Dinge hindurch,
innen und außen,
und kehrt zurück zur Quelle von allem ...

---

28 Aufgrund dieser Vorgehensweise der Autoren hat der Übersetzer die Passagen aus dem Tao Te King aus dem Englischen rückübersetzt, dabei aber von den zahlreichen deutschen Ausgaben herangezogen: Laotse 1978 und Lao-Tse 1995; d. Übers.

Die Menschen folgen der Erde.
Der Himmel folgt dem Tao.
Das Tao folgt allein sich selbst.

(*Tao Te King § 25*)

Wenn die Besten unter denen, die nach Weisheit streben,
vom Tao hören,
dann geben sie sich sofort Mühe, es zu verwirklichen.
Wenn durchschnittliche Weisheitssucher vom Tao hören,
dann folgen sie ihm zuweilen, und zuweilen vergessen sie es wieder.
Wenn Weisheitssucher ohne Verstand vom Tao hören,
dann lachen sie lauthals.
Lachten sie nicht,
dann wäre es nicht das Tao.

Darum heißt es:
Der Weg im Licht erscheint dunkel,
der Pfad, der nach vorn führt, scheint rückwärts zu laufen,
der gerade Weg scheint krumm zu sein,
die größte Kraft erscheint schwach,
die echteste Reinheit scheint beschmutzt,
wahrer Überfluss scheint nicht genug zu sein,
auf echte Standhaftigkeit scheint kein Verlass zu sein.

Der weiteste Raum kann nicht ausgefüllt werden,
das größte Talent braucht lange, um zu reifen,
der höchste Ton ist schwer zu hören,
die vollkommene Gestalt kann nicht leibhaftig werden.

Das Tao ist nirgends zu finden.
Und doch ernährt es alle Dinge und führt sie ihrer Erfüllung zu.

(*Tao Te King § 41*)

Das Tao bringt alle Dinge ins Dasein,
die Kraft des Te erhält sie im Sein.
Ein jedes nimmt eine physische Gestalt an,
die durch seine Umgebung geformt wird.
Ein jedes gibt dem Tao die Ehre
und erweist dem Te Ehrerbietung,
nicht aus irgendeinem Zwang heraus,
sondern vielmehr, weil dies genau ihr Wesen ausmacht.

Das Tao verleiht allen Wesen Leben,
die Kraft des Te ernährt sie,
pflegt sie, lenkt ihre Entwicklung,
spendet ihnen Trost und gewährt ihnen Schutz.

Zu schaffen, ohne zu besitzen,
zu handeln, ohne etwas zu erwarten,
zu leiten, ohne Kontrolle auszuüben:
Das ist das Geheimnis der Kraft des Te.

(*Tao Te King § 51*)

Meinst du, du könntest dem Kosmos deine eigene Ordnung aufzwingen?
Strebst du danach, die Welt umzuformen, um sie zu verbessern?
Das kann nicht gelingen!

Der Kosmos ist das heilige Gefäß des Tao selbst.
Er kann nicht verbessert werden.
Wenn du mit ihm herumhantierst, wirst du ihn zugrunde richten.
Wenn du ihn in den Griff zu bekommen versuchst, wirst du ihn zerstören …

(*Tao Te King § 29*)

Das Tao ist wie eine im Kreis wirbelnde Leere,
ohne Rast, doch niemals erschöpft.
Es ist wie der unermesslich tiefe Abgrund,
der Ursprung aller Dinge,
das leitende Prinzip, das jedes Sein gestaltet.

Es macht die scharfe Kante stumpf
und löst die bindenden Knoten.
Es dämpft das grelle Licht
und lichtet den Nebel, lässt Ruhe einkehren.

Es ist verborgen, doch stets gegenwärtig.
Wir vermögen nicht zu sagen, woher es kommt.
Es existierte vor aller Schöpfung.

(*Tao Te King § 4*)

Das Tao gebiert das Eine.
Das Eine gebiert die Zwei.
Die Zwei gebiert die Drei.
Die Drei gebiert die gesamte Vielfalt der Dinge.

Alle Wesen kehren zurück zum *yin* und umfangen das *yang*
und das Zusammenspiel dieser beiden lebendigen Kräfte
erfüllt den Kosmos.

Doch nur am Punkt absoluter Stille,
zwischen dem Einatmen und dem Ausatmen,
kann man diese beiden in vollkommener Harmonie erfassen …

(*Tao Te King § 42*)

Handle, ohne zu tun,
arbeite ohne Mühe,
schmecke, ohne zu kosten.
Das Kleine lass groß erscheinen,
vermehre das Wenige.
Gib Freundlichkeit zurück, wenn dir Bosheit widerfährt.

Stelle dich den Problemen,
bevor sie zu schwer werden.
Komplexen Situationen komme bei
in einer Reihe kleiner Schritte ...

(*Tao Te King § 63*)

Beim Handeln kommt alles auf den rechten Augenblick an ...

(*Tao Te King § 8*)

Schau, und es kann nicht gesehen werden.
Horch, und es kann nicht gehört werden.
Greife danach, und es kann nicht berührt werden.

Ins Einssein vermengt
entkommt es den Sinnen.

Von oben ist es nicht hell.
Von unten ist es nicht dunkel.
Wie ein durchgehender Faden, der nicht beschrieben werden kann,
kehrt es zur Leere zurück.

Formlose Form, die alle Formen in sich enthält,
Bild ohne Substanz,
fein, jenseits allen Begreifens.

Nähere dich dem, das Jenseits der Anfänge liegt,
folge dem, das kein Ende hat.
Halte dich an das zeitlose Tao,
und bewege dich im Rhythmus des gegenwärtigen Augenblicks,
und du wirst den Ursprung im durchgehenden Faden des Tao erfassen.

(*Tao Te King § 14*)

Am Anfang
war die Mutter des Kosmos.
Wenn einer die Mutter kennt,
dann kennt er auch ihre Nachkommenschaft.
Wenn man die Nachkommenschaft kennt,
dann ist man auch der Mutter nahe
und wird frei von Angst und Sorge ...

(*Tao Te King § 52*)

Das große Tao fließt überall.
Es greift nach allen Richtungen aus,
durchdringt so alle Dinge.

Alle Wesen hängen von ihm ab,
und keines von ihnen weist es zurück.

Es erfüllt seinen Zweck,
und doch will es dafür keine Anerkennung.
Es ernährt jedes Wesen im Kosmos,
und doch versucht es nicht, deren Lauf festzulegen.

Es ist frei von Wünschen und scheint unbedeutend,
und doch ist es das Zuhause, zu dem alle Wesen zurückkehren.
Trotz alledem beansprucht es keine Herrschaft für sich selbst,
es strebt nicht nach Größe,
wenngleich es auch große Dinge vollbringt.

(*Tao Te King* § *34*)

... Umfange das Leben ganz, bleib bei der Mutter,
und du wirst an der Herrlichkeit der Schöpfung teilhaben.
Die Mutter selbst wird dich behüten
und ihre ganze Schöpfung dich leiten ...

Kehre heim zu deinem eigenen inneren Licht,
sei dir deiner eigenen Bewusstheit bewusst.
In den dunkelsten Nächten wirst du nicht stolpern,
im grellsten Tageslicht wirst du nicht blinzeln.

Dies nennt man
„Das Ewige umhegen."

(*Tao Te King* § *52*)

Drücke dich selbst vorbehaltlos aus,
doch gebrauche dabei wenige Worte.
Folge dem Weg der Natur:
Der Wind weht nicht jeden Morgen;
der Regen fällt nicht jeden Tag;
wenn der Sturm vorüber ist, dann scheint die Sonne wieder ...

Öffne dich dem Tao,
werde eins mit dem Tao,
und du wirst seine leibliche Gestalt werden.
Dann vertraue auf deine natürlichen Antworten;
und du wirst alles, was du brauchst, mit Freuden erhalten.

(*Tao Te King § 23*)

In Einklang mit dem Tao
ist der Himmel klar und rein,
die Erde ist in ruhiger Heiterkeit und ganz,
der Geist wird mit Kraft erneuert,
Flussbette werden wieder gefüllt,
die Myriaden von Kreaturen der Welt gedeihen und leben in Fröhlichkeit,
Anführer sind auf Frieden bedacht, und ihre Länder werden in Gerechtigkeit regiert.

Wenn die Menschheit in das Tao eingreift,
wird der Himmel trüb,
die Erde wird ausgebeutet,
der Geist erschlafft,
Ströme trocknen aus,
das Gleichgewicht gerät aus den Fugen,
Kreaturen werden ausgelöscht ...

(*Tao Te King § 39*)

Wenn Herrscher im Glanz leben und Spekulanten gedeihen,
während Bauern ihr Land verlieren und die Kornspeicher sich leeren;
wenn Regierungen Geld für Prunk und Waffen ausgeben;
wenn die Oberschicht extravagant und verantwortungslos ist,
nachsichtig mit sich selbst, und mehr besitzt, als sie jemals benutzen kann,
während die Armen nicht wissen, wohin sie sich wenden sollen.
All das ist Raub und Chaos,
es hat mit dem Tao nichts gemein.

(*Tao Te King § 53*)

Das Tao des Himmels ist wie ein Bogen:
Es drückt das Hohe hinab und hebt das Niedrige empor.
Es nimmt von denen, die zu viel haben,
und gibt denen, die zu wenig haben.

Der meisten Menschen Weg verläuft umgekehrt:
Sie benutzen ihre Macht dazu, von dem zu nehmen, was zur Neige geht,
und von denen, die zu wenig haben,
um denen geben zu können, die zu viel haben.

Die Weisen, die dem Tao folgen, können immerfort geben,
denn sie bringen ohne Mühe Frucht.
Sie handeln, ohne etwas zu erwarten,
sie haben Erfolg, ohne das Verdienst für sich in Anspruch zu nehmen,
und sie haben es nicht nötig, irgendjemandem ihren Wert zu beweisen.

(*Tao Te King, § 77*)

Diejenigen, die andere in Einklang mit dem Tao leiten,
wenden keinen Zwang an, um andere zu unterwerfen,
und sie versuchen nicht, die Welt mit Waffengewalt zu beherrschen.
Denn jede Kraft hat ihre Gegenkraft,
Gewalt, selbst wenn in guter Absicht angewandt,
fällt auf einen selbst zurück.

(*Tao Te King § 30*)

Nichts in der Welt
ist so sanft und ertragreich wie das Wasser.
Doch im Auflösen des Harten und Starren
ist es unübertroffen.

Das Weiche überwindet das Harte;
das Geschmeidige überwindet das Starre.
Jeder weiß, dass dies wahr ist,
doch nur wenige können das in ihrem Tun verwirklichen.

(*Tao Te King § 78*)

Der Weise wünscht sich, frei zu sein von Wünschen,
er hortet keine kostbaren Dinge.
Der Weise lernt, das Lernen sein zu lassen.
Der Weise führt andere einfach zu dem zurück,
was sie verloren haben,
und steht allen Wesen bei, ihre wahre Natur zu finden.
Und niemals wagt er es dabei, Zwang anzuwenden.

(*Tao Te King § 64*)

Betrachte die Welt als deinen Leib,
liebe die Welt wie dich selbst,
und man kann dir die Sorge für alle Dinge anvertrauen.

(*Tao Te King § 13*)

(Leonardo Boff / Mark Hathaway, Befreite Schöpfung. Kosmologie – Ökologie – Spiritualität. Ein zukunftsweisendes Weltbild, Kevelaer 2016, E-Book-Ausgabe, passim; Übers.: Bruno Kern)

Literatur

Boff, Leonardo, Achtsamkeit. Von der Notwendigkeit, unsere Haltung zu ändern, München 2013.

Boff, Leonardo, Der Adler und das Huhn. Wie der Mensch Mensch wird, Düsseldorf 1998.

Boff, Leonardo, Am Rand des Himmels. Geschichten von Gott und Welt, Düsseldorf 1997.

Boff, Leonardo, Die Erde ist uns anvertraut. Eine ökologische Spiritualität, Kevelaer 2010.

Boff, Leonardo, Erfahrung von Gnade. Entwurf einer Gnadenlehre, Düsseldorf 1978.

Boff, Leonardo, Franz von Assisi und die Liebe Gottes zu den Armen, Kevelaer 2010.

Boff, Leonardo, Franziskus aus Rom und Franz von Assisi. Ein neuer Frühling für die Kirche – eine Zwischenbilanz, Kevelaer 2014.

Boff, Leonardo (Hg.), Haus aus Himmel und Erde. Erzählungen der brasilianischen Urvölker, Düsseldorf 2003.

Boff, Leonardo, Der Heilige Geist. Feuer Gottes – Lebensquell – Vater der Armen, Freiburg i. Br. 2014.

Boff, Leonardo, In ihm hat alles Bestand. Der kosmische Christus und die modernen Naturwissenschaften, Kevelaer 2013.

Boff, Leonardo, Kirche: Charisma und Macht, Düsseldorf 1985.

Boff, Leonardo, Die Kirche neu erfinden, Ostfildern o. J

Boff, Leonardo, Kleine Sakramentenlehre, Ostfildern 2010.

Boff, Leonardo, Das mütterliche Antlitz Gottes, Düsseldorf 1985.

Boff, Leonardo, Sehnsucht nach dem Unendlichen. Spirituell leben, Kevelaer 2011.
Boff, Leonardo, Tugenden für eine bessere Welt, Kevelaer 2009.
Boff, Leonardo, Vater unser. Das Gebet der Befreiung, Ostfildern 2011.
Boff, Leonardo, Was kommt nachher? Das Leben nach dem Tode, Kevelaer 2009
Boff, Leonardo, Zukunft für Mutter Erde. Warum wir als Krone der Schöpfung abdanken müssen, München 2012.
Boff, Leonardo / Hathaway, Mark, Befreite Schöpfung. Kosmologie – Ökologie – Spiritualität. Ein zukunftsweisendes Weltbild.
Boff, Leonardo / Zoja, Luigi, Die Wahrheit ist größer. Der Weg eines unbequemen Theologen, Kevelaer 2016.
Goldstein, Horst, Leonardo Boff. Zwischen Poesie und Politik, Mainz 1994.
Star, Jonathan, The Tao Te King. The Definitive Edition, New York 2001.
Teilhard de Chardin, Pierre, Lobgesang des Alls. Die Messe über die Welt – Christus in der Materie – Die geistige Potenz der Materie, Olten 1964.